AF393518

FSC
www.fsc.org
MIX
Papier aus ver-
antwortungsvollen
Quellen
Paper from
responsible sources
FSC® C105338

Beate Siering

Traumrasse

Podenco

Bibliografische Information der Deutschen Nationalbibliothek
Die Deutsche Nationalbibliothek verzeichnet diese Publikation in der Deutschen Nationalbibliografie, detaillierte bibliografische Daten sind im Internet über http://dnb.d-nb.de abrufbar

In diesem Buch nutzen wir manchmal geschlechtsneutrale Begriffe, um den Text flüssiger und leichter lesbar zu gestalten. Das bedeutet jedoch nicht, dass wir die Bedeutung des Geschlechts ignorieren oder herabsetzen. Wir erkennen und schätzen die Vielfalt und Einzigartigkeit jedes Einzelnen. In Fällen, in denen eine geschlechtsspezifische Differenzierung für das Verständnis wichtig ist, haben wir diese beibehalten. Bitte verstehen Sie diese vereinfachte Sprache als Teil unseres Bestrebens, das Lesen für alle so angenehm wie möglich zu gestalten. Danke, dass Sie ein Teil unserer Lese-Community sind.

1. Auflage Juli 2024

Herstellung und Verlag: BoD – Books on Demand, Norderstedt
ISBN: 9783759759399
Bildnachweis:
Cover und Fotos im Buch: adobe stock, Pixabay, Wikipedia, Ki-generiert
Illustrationen im Buch: adobe stock - Igor Zakowski, adobe stock - ilyakalinin

Dieses Buch soll informieren. Klar.

Aber es soll auch Spaß machen - daher enthält es nicht nur Texte, sondern auch zahlreiche Zeichnungen: unsere „Models".

Ganz gezielt haben wir unsere Zeichner gebeten, hier nicht nur typische Rassebilder zu gestalten, sondern niedliche, lustige und zum Teil auch gar nicht als Rasse erkennbare Hunde in das Layout zu übernehmen.

Auch im Ausbildungsteil finden Sie ein Model, das so gar nicht der hier vorgestellten Rasse entspricht - nehmen Sie es bitte locker, denn es geht um das Erkennen der Grundkommandos - nicht mehr und nicht weniger.

Inhaltsverzeichnis

Liebe Leserinnen und Leser,

sind Sie bereit, in die faszinierende Welt des Podenco einzutauchen, einer Hunderasse, die sich durch ihre bemerkenswerte Intelligenz, ihre Eleganz und ihre Treue auszeichnet?

„Traumrasse: Podenco" ist eine leidenschaftliche und umfassende Hommage an diese beeindruckende Rasse.

Unser Ratgeber begleitet Sie auf einer aufschlussreichen Reise durch die Geschichte und Herkunft des Podenco. Tauchen Sie ein in die faszinierenden Geschichten, die diese Rasse so besonders machen, und entdecken Sie die kulturelle Bedeutung und die charakteristischen Eigenschaften des Podenco.

Wir führen Sie durch die ersten Schritte bei der Aufnahme eines Podenco-Welpen in Ihr Zuhause und zeigen Ihnen, wie Sie seine Erziehung und Ausbildung erfolgreich gestalten können. Dabei wird die Bedeutung der sanften Führung und positiven Verstärkung als effektive Methoden hervorgehoben, um mit Ihrem treuen Freund zu kommunizieren.

Das wichtige Thema des Zusammenlebens von Kindern und Hund wird ebenfalls behandelt, inklusive wertvoller Tipps für eine harmonische Integration des Hundes in die Familie. Sie lernen, wie eine artgerechte und gesunde Ernährung für Ihren Podenco aussieht, wie Sie ihn richtig pflegen und welche spezifischen gesundheitlichen Herausforderungen bei dieser Rasse auftreten können. Dabei wird auch der Tierschutz beleuchtet, der vielen Podencos aus oft schwierigen Verhältnissen eine neue Chance auf ein liebevolles Zuhause gibt.

Ganz gleich, ob Sie bereits stolzer Besitzer eines Podenco sind oder darüber nachdenken, einen in Ihre Familie aufzunehmen, dieser Ratgeber bietet zahlreiche hilfreiche Informationen und Einblicke, die Ihren Alltag mit Ihrem eleganten Begleiter bereichern werden.

Ein Podenco ist weit mehr als ein Haustier – er ist ein treuer Gefährte, eine Quelle der Freude und ein edler Partner. Freuen Sie sich auf inspirierende Tipps zur Freizeitgestaltung und darauf, wie Sie Ihren Podenco in Ihren Urlaub einbeziehen können.

Mit „Traumrasse: Podenco" erhalten Sie mehr als nur einen Ratgeber. Es ist eine Liebeserklärung an eine Rasse, die nicht nur durch ihre elegante Erscheinung, sondern auch durch ihr tiefes, sanftes Gemüt beeindruckt. Entdecken Sie die Welt der Podencos und lassen Sie sich von der anmutigen Seele dieser eindrucksvollen Rasse verzaubern.

Ich wünsche Ihnen ein inspirierendes Leseerlebnis!

Ihre Beate Siering & Team

Zum Beginn noch ein paar Infos für Sie.

Dieses Buch wurde mit viel Liebe und Sorgfalt gestaltet, um sowohl erfahrenen Hundehaltern als auch Neulingen in der Welt der Hunde einen wertvollen Begleiter zu bieten. Ob Sie sich schon lange mit Hunden umgeben oder ob Sie zum ersten Mal einen vierbeinigen Freund in Ihr Leben einladen, Sie finden hier wertvolle Informationen und Ratschläge.

Das Buch ist so aufgebaut, dass es allgemeine Themen rund um das Leben mit einem Hund behandelt, sowie spezielle Aspekte, die für den Podenco typisch sind. Jedes Kapitel beginnt mit allgemeinen Informationen und Ratschlägen zu Themen wie Ernährung, Erziehung, Pflege und Gesundheit. Anschließend finden Sie spezielle Abschnitte, die auf die Bedürfnisse und Besonderheiten der Rasse eingehen.

Diese speziellen Abschnitte sind für Sie besonders wichtig. Sie bieten tiefere Einblicke und detailliertere Informationen, die auf die speziellen Anforderungen und Eigenheiten dieser faszinierenden Hunde abgestimmt sind.

Egal, ob Sie gerade erst beginnen, sich für den den Podenco zu interessieren, oder ob Sie bereits ein erfahrener Halter dieser Rasse sind – dieses Buch ist so gestaltet, dass es Ihnen hilft, Ihr Wissen zu vertiefen und Ihren Hund besser zu verstehen.

Ich lade Sie ein, dieses Buch in Ihrem eigenen Tempo zu lesen. Sie können es von Anfang bis Ende lesen oder zu speziellen Themen springen, die Sie besonders interessieren.

Vergessen Sie nicht, dass jeder Hund ein Individuum ist und es immer Ausnahmen von der Regel gibt. Nutzen Sie dieses Buch als Leitfaden, aber hören Sie auch auf Ihr Bauchgefühl und die Signale, die Ihr Hund Ihnen gibt.

Ich wünsche Ihnen viel Freude beim Lesen und Entdecken und vor allem ein wundervolles und erfülltes Leben mit Ihrem Podenco.

Doch jetzt genug der Einleitung. Einmal umblättern und es geht los mit unserer gemeinsamen Reise in die wunderbare Welt der Hunde.

So ist der Podenco.

Ein umfassender Einblick in eine einzigartige Hunderasse

Der Podenco ist eine der ältesten und faszinierendsten Hunderassen der Welt. Diese Rasse, die ihre Wurzeln in den alten Zivilisationen des Mittelmeerraums hat, besticht durch ihre Eleganz, Intelligenz und Jagdgeschicklichkeit. Ursprünglich von den Phöniziern nach Spanien gebracht, entwickelte sich der Podenco zu einem vielseitigen und geschätzten Jagdhund. Heute ist er nicht nur für seine Jagdfähigkeiten bekannt, sondern auch als treuer Begleiter und liebevolles Familienmitglied.

Ursprung und Geschichte

Die Geschichte des Podencos reicht mehrere tausend Jahre zurück. Abbildungen von Hunden, die dem heutigen Podenco ähneln, finden sich in antiken ägyptischen Gräbern und Wandgemälden. Es wird angenommen, dass phönizische Händler die Vorfahren des Podencos nach Spanien brachten, wo sie sich an die lokalen Gegebenheiten anpassten und weiterentwickelten.

Rassenvielfalt

Es gibt mehrere Unterrassen des Podencos, die sich in Größe, Felltyp und Farbe unterscheiden.

Zu den bekanntesten gehören:

Podenco Ibicenco: Diese Rasse stammt von der Baleareninsel Ibiza und ist bekannt für ihre Anmut und Schnelligkeit. Sie haben ein glattes oder raues Fell und sind meist weiß oder rot-braun gefleckt.

Podenco Canario: Ursprünglich von den Kanarischen Inseln, ist dieser Podenco etwas kleiner als der Ibicenco und hat ein kurzes, glattes Fell. Sie sind sehr agil und haben eine hohe Ausdauer.

Podenco Andaluz: Dieser Podenco ist vielseitig und kommt in verschiedenen Größen und Felltypen vor. Sie sind besonders in Südspanien verbreitet.

Podenco Portugués: Diese portugiesische Variante gibt es in verschiedenen Größen, von klein bis groß. Sie sind bekannt für ihr raues oder glattes Fell und ihre herausragenden Jagdfähigkeiten.

Charakter und Temperament

Der Podenco ist bekannt für seine Intelligenz und Unabhängigkeit. Diese Hunde sind äußerst lernfähig, brauchen jedoch eine konsequente und geduldige Erziehung. Sie sind von Natur aus vorsichtig und manchmal zurückhaltend gegenüber Fremden, aber sehr loyal und liebevoll gegenüber ihren Familienmitgliedern.

Podencos sind sehr aktive Hunde und benötigen viel Bewegung und geistige Anregung. Sie sind ausgezeichnete Läufer und Springer, was sie zu idealen Begleitern für aktive Menschen macht.

Trotz ihres Jagdinstinkts sind sie in der Regel sanft und geduldig, was sie zu guten Familienhunden macht, besonders wenn sie von klein auf sozialisiert werden.

Pflege und Gesundheit

Die Pflege eines Podencos ist relativ unkompliziert. Ihr kurzes Fell benötigt nur gelegentliches Bürsten, um sauber und gesund zu bleiben. Wie bei allen Hunderassen sollten auch Podencos regelmäßig auf gesundheitliche Probleme überprüft werden. Sie sind im Allgemeinen robuste und gesunde Hunde, aber einige Erbkrankheiten können auftreten, insbesondere wenn sie aus unseriösen Zuchtlinien stammen.

Podencos und der Tierschutz

Leider sind Podencos in ihren Herkunftsländern oft Opfer von Misshandlung und Vernachlässigung. Viele dieser Hunde werden ausgesetzt, wenn sie für die Jagd nicht mehr nützlich sind. Zahlreiche Tierschutzorganisationen weltweit setzen sich für die Rettung und Vermittlung von Podencos ein. Diese Organisationen arbeiten unermüdlich daran, den Hunden ein neues, liebevolles Zuhause zu bieten und das Bewusstsein für die Missstände zu schärfen.

Zusammenleben mit einem Podenco

Ein Podenco in der Familie zu haben, bedeutet, einen aktiven und intelligenten Begleiter zu haben, der viel Bewegung und geistige Anregung braucht. Diese Hunde lieben es, Zeit im Freien zu verbringen und sind glücklich, wenn sie rennen und spielen können. Ein sicher eingezäunter Garten ist ideal, da Podencos aufgrund ihres Jagdinstinkts dazu neigen, zu jagen und zu erkunden.

Die Erziehung eines Podencos erfordert Geduld und eine sanfte, aber konsequente Hand. Positive Verstärkung und Belohnungen funktionieren am besten bei dieser sensiblen und klugen Rasse. Mit der richtigen Anleitung können Podencos ausgezeichnete Begleiter und treue Familienmitglieder werden.

Der Podenco ist eine beeindruckende Hunderasse mit einer reichen Geschichte und einem einzigartigen Charakter. Ihre Intelligenz, Eleganz und Loyalität machen sie zu wunderbaren Begleitern für aktive und engagierte Hundehalter.

Durch die Unterstützung von Tierschutzinitiativen können wir dazu beitragen, dass diese bemerkenswerten Hunde die liebevollen und fürsorglichen Zuhause finden, die sie verdienen.

„Die bessere Hälfte des Menschen ist sein Hund." -

Friedrich Nietzsche

Podenco Ibicenco

Die vier häufigsten Podenco-Rassen und ihre Besonderheiten

Podenco Ibicenco

Der Podenco Ibicenco stammt von der Baleareninsel Ibiza und ist bekannt für seine Anmut und Schnelligkeit. Diese Rasse hat ein schlankes, elegantes Erscheinungsbild mit großen, aufrechten Ohren. Das Fell kann glatt oder rau sein und kommt meist in Weiß, Rot oder einer Kombination dieser Farben vor. Der Podenco Ibicenco ist ein hervorragender Jäger, besonders für Kaninchen, und benötigt viel Bewegung sowie geistige Anregung.

Podenco Canario

Der Podenco Canario kommt von den Kanarischen Inseln und ist etwas kleiner und muskulöser als der Ibicenco. Diese Rasse hat ein kurzes, glattes Fell, das meist rot oder orange mit weißen Abzeichen ist.

Der Podenco Canario ist sehr agil und hat eine hohe Ausdauer, was ihn zu einem ausgezeichneten Jagdhund macht.

Sie sind in der Regel freundlich und loyal, brauchen aber eine konsequente Erziehung und viel Bewegung.

Podenco Andaluz.

Podenco Andaluz

Der Podenco Andaluz ist in verschiedenen Größen und Felltypen zu finden, was ihn sehr vielseitig macht. Diese Rasse ist in Südspanien besonders verbreitet und hat eine starke Jagdleidenschaft. Sie haben ein kurzes oder mittellanges Fell, das in verschiedenen Farben vorkommt, einschließlich Weiß, Rot und Schwarz.

Der Podenco Andaluz ist bekannt für seine Anpassungsfähigkeit und kann sowohl in städtischen als auch in ländlichen Umgebungen gut leben, vorausgesetzt, sie bekommen genug Bewegung und geistige Stimulation.

Podenco Portugués

Der Podenco Portugués ist in Portugal heimisch und kommt ebenfalls in verschiedenen Größen vor, von klein bis groß. Diese Rasse hat ein glattes oder raues Fell, das in verschiedenen Farben wie Gelb, Braun oder Schwarz vorkommt. Sie sind ausgezeichnete Jäger und haben einen ausgeprägten Jagdinstinkt. Der Podenco Portugués ist bekannt für seine Energie und Ausdauer, benötigt jedoch eine konsequente und liebevolle Erziehung. Sie sind loyale und liebevolle Familienhunde, wenn sie richtig sozialisiert und trainiert werden.

Diese vier Podenco-Rassen teilen viele gemeinsame Merkmale, wie ihre Intelligenz, Schnelligkeit und Jagdleidenschaft, haben aber auch individuelle Eigenschaften und Bedürfnisse, die sie einzigartig machen.

Glattes Fell.

Das Fell und die Farben dieser Rasse.

Die Farbpalette der Podencos ist ebenso vielfältig wie ihre Felltypen. Die Farben reichen von einfarbig bis hin zu verschiedenen Kombinationen, die oft einzigartige und schöne Muster bilden:

Weiß

Podenco Ibicenco: Reines Weiß ist eine häufige Farbe bei dieser Rasse.

Weiße Podencos sind besonders auffällig und werden oft wegen ihrer eleganten Erscheinung geschätzt.

Rot und Rot-Braun

Podenco Ibicenco und Podenco Canario: Rot und Rot-Braun sind häufige Farben, die oft in Kombination mit Weiß auftreten.

Diese Farben bieten eine gute Tarnung in der Natur und helfen den Hunden, sich in ihrer Umgebung zu verstecken, während sie jagen.

Gelb und Hellbraun

Podenco Portugués: Diese Farben sind besonders typisch für den portugiesischen Podenco. Sie können einfarbig oder gemischt mit Weiß vorkommen und verleihen den Hunden ein warmes, freundliches Aussehen.

Schwarz

Podenco Andaluz: Schwarz ist weniger verbreitet, aber dennoch eine mögliche Fellfarbe. Oftmals findet man schwarze Podencos mit weißen Abzeichen, was einen starken Kontrast und ein edles Aussehen ergibt.

Gefleckt und Gescheckt

Alle Podenco-Rassen: Gefleckte oder gescheckte Muster sind bei allen Podenco-Rassen anzutreffen.

Diese Muster können in verschiedenen Kombinationen von Weiß, Rot, Gelb, Braun und Schwarz auftreten und verleihen jedem Hund ein einzigartiges Aussehen.

Pflege des Fells

Die Pflege des Podenco-Fells ist relativ unkompliziert, variiert jedoch je nach

Felltyp:

Glattes Fell: Erfordert wenig Pflege. Regelmäßiges Bürsten entfernt lose Haare und hält das Fell glänzend und gesund.

Raues Fell: Benötigt etwas mehr Pflege. Regelmäßiges Bürsten ist notwendig, um Verfilzungen zu vermeiden. Das raue Fell kann auch von Zeit zu Zeit getrimmt werden.

Mittellanges bis Langes Fell: Diese Felltypen erfordern die meiste Pflege. Regelmäßiges Bürsten und gelegentliches Baden sind wichtig, um das Fell sauber und gesund zu halten.

Schlussfolgerung

Das Fell und die Farben der Podenco-Rassen sind vielfältig und spiegeln die Anpassungsfähigkeit und das Erbe dieser bemerkenswerten Hunde wider.

Weißer Podenco.

Ob glatt, rau oder lang, die verschiedenen Felltypen bieten jeweils spezifische Vorteile und erfordern unterschiedliche Pflege.

Die Farbvariationen, die von reinem Weiß über Rot und Braun bis hin zu Schwarz und gescheckt reichen, machen jeden Podenco einzigartig.

Diese Vielfalt ist nicht nur ein ästhetisches Merkmal, sondern auch ein funktionales, das die Podencos zu den vielseitigen und anpassungsfähigen Hunden macht, die sie sind.

Ein süßer Welpe.

Bis zu ca. 30 Kg Gewicht werden erreicht.

Der Podenco ist eine vielfältige und beeindruckende Hunderasse, die in verschiedenen Regionen Spaniens und Portugals vorkommt.

Diese Hunde sind bekannt für ihre Jagdfähigkeiten, ihre Intelligenz und ihr anmutiges Erscheinungsbild. Ein wichtiger Aspekt für potenzielle Podenco-Besitzer ist das Verständnis für das Wachstum und die Lebenserwartung dieser Hunde.

Wachstum und Größe

Die verschiedenen Podenco-Rassen unterscheiden sich in ihrer Größe und ihrem Gewicht.

Im Folgenden sind die durchschnittlichen Größen- und Gewichtsangaben der häufigsten Podenco-Rassen aufgeführt:

Podenco Ibicenco
Rüden: Die Rüden dieser Rasse erreichen eine Schulterhöhe von 66 bis 72 cm und wiegen zwischen 20 und 29 kg.
Hündinnen: Die Hündinnen sind etwas kleiner, mit einer Schulterhöhe von 60 bis 67 cm und einem Gewicht von 19 bis 25 kg.
Wachstum: Podenco Ibicenco-Welpen wachsen relativ schnell und erreichen ihre endgültige Größe in der Regel im Alter von etwa 12 bis 18 Monaten.

Podenco Canario
Rüden: Diese Rüden erreichen eine Schulterhöhe von 55 bis 64 cm und wiegen zwischen 22 und 25 kg.
Hündinnen: Hündinnen sind ebenfalls kleiner, mit einer Schulterhöhe von 53 bis 60 cm und einem Gewicht von 19 bis 22 kg.
Wachstum: Der Podenco Canario wächst etwas langsamer und erreicht seine volle Größe meist zwischen 18 und 24 Monaten.

Podenco Andaluz
Rüden: Diese Rasse zeigt eine große Variabilität in der Größe. Rüden können eine Schulterhöhe von 42 bis 52 cm erreichen und wiegen zwischen 10 und 22 kg.
Hündinnen: Hündinnen sind ähnlich variabel, mit einer Schulterhöhe von 40 bis 48 cm und einem Gewicht von 8 bis 20 kg.
Wachstum: Der Podenco Andaluz kann je nach individueller Entwicklung unterschiedlich schnell wachsen, erreicht jedoch in der Regel seine endgültige Größe im Alter von 12 bis 18 Monaten.

Podenco Portugués
Große Variante: Rüden und Hündinnen dieser Variante erreichen eine Schulterhöhe von 55 bis 70 cm und wiegen zwischen 20 und 30 kg.
Mittelgroße Variante: Diese Hunde erreichen eine Schulterhöhe von 40 bis 54 cm und wiegen zwischen 16 und 20 kg.
Kleine Variante: Diese kleinere Variante hat eine Schulterhöhe von 20 bis 30 cm und ein Gewicht von 4 bis 6 kg.
Wachstum: Der Podenco Portugués zeigt je nach Größe der Variante unter-

schiedliche Wachstumsraten, erreicht jedoch meist seine endgültige Größe zwischen 12 und 24 Monaten.

Lebenserwartung

Podencos sind in der Regel robuste und gesunde Hunde, die eine relativ lange Lebensspanne haben. Die durchschnittliche Lebenserwartung variiert je nach Rasse und individueller Gesundheit des Hundes:

Podenco Ibicenco: Diese Rasse hat eine Lebenserwartung von 12 bis 14 Jahren. Mit guter Pflege und regelmäßiger tierärztlicher Überwachung können einige Hunde sogar älter werden.

Podenco Canario: Die Lebenserwartung des Podenco Canario liegt ebenfalls bei etwa 12 bis 14 Jahren. Eine gesunde Ernährung, ausreichend Bewegung und regelmäßige Gesundheitschecks tragen zur Langlebigkeit bei.

Podenco Andaluz: Diese Rasse hat eine ähnliche Lebenserwartung von 12 bis 15 Jahren. Aufgrund der Variabilität in Größe und Gewicht kann die Lebenserwartung individuell variieren.

Podenco Portugués: Die große Variante hat eine Lebenserwartung von etwa 12 bis 14 Jahren, während die mittelgroße und kleine Variante eine Lebenserwartung von 13 bis 16 Jahren haben können. Kleinere Hunde neigen dazu, etwas länger zu leben als größere.

Faktoren, die das Wachstum und die Lebenserwartung beeinflussen

Ernährung: Eine ausgewogene und nährstoffreiche Ernährung ist entscheidend für das gesunde Wachstum eines Welpen und das langfristige Wohlbefinden eines erwachsenen Hundes.

Bewegung: Podencos sind aktive Hunde, die viel Bewegung und geistige Anregung benötigen. Regelmäßige körperliche Aktivität trägt zur Muskelentwicklung und allgemeinen Gesundheit bei.

Gesundheitsvorsorge: Regelmäßige tierärztliche Untersuchungen, Impfungen und Präventivmaßnahmen gegen Parasiten sind wichtig, um Krankheiten frühzeitig zu erkennen und zu behandeln.

Pflege: Eine gute Fellpflege, Zahnreinigung und Pflege der Krallen tragen zur allgemeinen Gesundheit und zum Wohlbefinden des Hundes bei.

Genetik: Die genetische Veranlagung spielt eine große Rolle in der Gesundheit und Lebenserwartung eines Hundes. Seriöse Züchter achten darauf, gesunde und robuste Tiere zu züchten, um Erbkrankheiten zu minimieren.

Der Podenco ist eine bemerkenswerte Hunderasse mit einer breiten Palette von Größen und Gewichten, die sich an verschiedene Lebensbedingungen angepasst haben. Mit einer Lebenserwartung von etwa 12 bis 15 Jahren sind diese Hunde treue und langlebige Begleiter.

Eine gute Pflege, ausgewogene Ernährung, regelmäßige Bewegung und Gesundheitsvorsorge sind entscheidend, um das Wohlbefinden und die Lebensdauer dieser wunderbaren Hunde zu maximieren.

Der Podenco aus dem Tierschutz.

Eine zweite Chance für treue Begleiter

Der Podenco ist eine beeindruckende Hunderasse, die für ihre Jagdfähigkeiten, Intelligenz und Loyalität bekannt ist.

Leider sind Podencos in ihren Herkunftsländern, insbesondere in Spanien und Portugal, oft Opfer von Misshandlung und Vernachlässigung.

Viele dieser Hunde landen im Tierschutz, wo sie auf eine zweite Chance auf ein liebevolles Zuhause hoffen.

Hier wird das Thema „Podenco aus dem Tierschutz" beleuchtet, um auf die Situation dieser Hunde aufmerksam zu machen und potenziellen Adoptanten hilfreiche Informationen zu bieten.

Die Problematik: Warum Podencos im Tierschutz landen

Podencos werden in Spanien und Portugal traditionell als Jagdhunde gehalten.

Während der Jagdsaison sind sie gefragte Helfer, doch am Ende der Saison oder wenn sie nicht mehr die gewünschten Leistungen erbringen, werden viele dieser Hunde ausgesetzt oder in Tötungsstationen abgegeben.

Die Gründe dafür sind vielfältig:

Unbrauchbarkeit für die Jagd:

Hunde, die nicht die erwarteten Jagdleistungen bringen, werden oft als „nutzlos" betrachtet.

Überpopulation:

Durch unkontrollierte Zucht und fehlende Kastrationsprogramme kommt es zu einer Überpopulation, die die Situation weiter verschärft.

Mangelnde Wertschätzung:

In einigen ländlichen Regionen werden Jagdhunde oft als Werkzeuge und nicht als Familienmitglieder angesehen.

Der Weg in den Tierschutz

Tierschutzorganisationen, sowohl lokal als auch international, setzen sich für das Wohl dieser Hunde ein.

Sie retten Podencos aus schlechten Bedingungen, aus Tötungsstationen und von der Straße.

Diese Organisationen bieten medizinische Versorgung, Rehabilitation und suchen nach dauerhaften, liebevollen Zuhause für die geretteten Hunde.

Der Adoptionsprozess

Die Adoption eines Podencos aus dem Tierschutz erfordert einige Überlegungen und Vorbereitungen.

Hier sind die Schritte, die typischerweise im Adoptionsprozess durchlaufen werden:

Recherche und Auswahl einer Organisation:

Zunächst sollten potenzielle Adoptanten eine seriöse Tierschutzorganisation finden, die sich auf die Rettung und Vermittlung von Podencos spezialisiert hat.

Kontaktaufnahme und Erstgespräch:

Interessenten nehmen Kontakt mit der Organisation auf und führen ein Erstgespräch, um ihre Lebensumstände und Erwartungen zu besprechen.

Auswahl des Hundes:

Basierend auf den Informationen wird ein passender Podenco ausgewählt. Die Organisation wird dabei helfen, den richtigen Hund zu finden, der zum Lebensstil und den Bedürfnissen des Adoptanten passt.

Vorbesuch und Vermittlungsvertrag:

Ein Vertreter der Organisation besucht das zukünftige Zuhause, um sicherzustellen, dass es geeignet ist. Nach erfolgreicher Prüfung wird ein Vermittlungsvertrag abgeschlossen.

Adoption und Eingewöhnung:

Der Hund zieht in sein neues Zuhause ein. Die Eingewöhnungszeit ist entscheidend, und die Organisation wird weiterhin Unterstützung bieten.

Besonderheiten und Herausforderungen

Podencos aus dem Tierschutz bringen oft besondere Herausforderungen mit sich. Viele dieser Hunde haben traumatische Erlebnisse hinter sich und benötigen Zeit, Geduld und Liebe, um sich in ihrem neuen Zuhause einzuleben.

Hier sind einige Aspekte, die beachtet werden sollten:

Vertrauensaufbau:

Viele gerettete Podencos sind anfangs misstrauisch oder ängstlich.

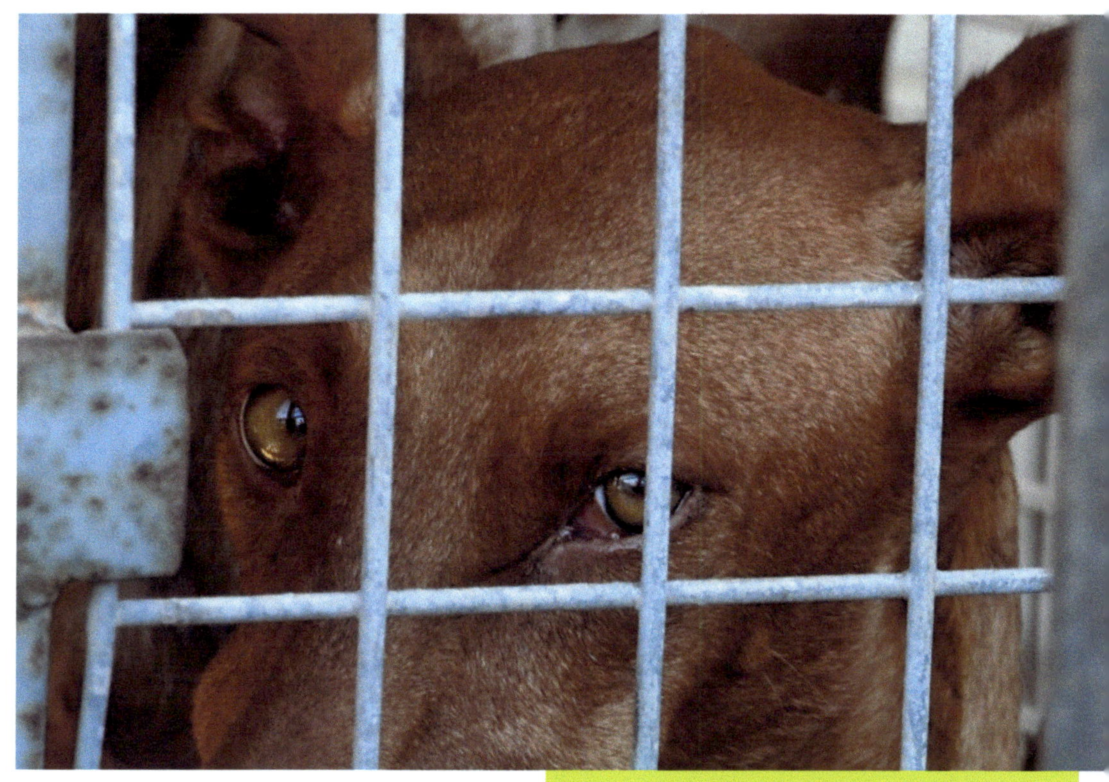

„Jeder hat einen Schutzengel, wahre Glückspilze haben einen Hund!"

Autor unbekannt

Ein geduldiger und liebevoller Umgang ist entscheidend, um das Vertrauen des Hundes zu gewinnen.

Sozialisierung:

Je nach Hintergrund des Hundes kann es notwendig sein, ihn an das Leben in einer Familie, an andere Tiere und an alltägliche Situationen zu gewöhnen.

Training und Erziehung:

Podencos sind intelligente Hunde, die mit positiver Verstärkung gut auf Training ansprechen. Es kann jedoch etwas mehr Zeit in Anspruch nehmen, bis sie grundlegende Kommandos und Verhaltensweisen erlernt haben.

Bewegungsbedarf:

Podencos haben einen hohen Bewegungsdrang. Ausreichend Bewegung und geistige Anregung sind wichtig, um ihren natürlichen Bedürfnissen gerecht zu werden.

Die Belohnung:

Ein treuer und liebevoller Begleiter
Trotz der Herausforderungen ist die Adoption eines Podencos aus dem Tierschutz eine äußerst lohnende Erfahrung. Diese Hunde sind für ihre Treue, Intelligenz und Zuneigung bekannt. Viele Adoptanten berichten, dass ihr geretteter Podenco ihnen unendlich viel Liebe und Dankbarkeit entgegenbringt.

Fazit

Der Podenco aus dem Tierschutz ist ein Hund mit einer oft schweren Vergangenheit, aber mit einem großen Herz und einem unermesslichen Potenzial für Liebe und Treue. Die Adoption eines solchen Hundes erfordert Geduld, Verständnis und Engagement, bietet jedoch die wunderbare Möglichkeit, einem Tier eine zweite Chance auf ein glückliches Leben zu geben. Tierschutzorganisationen spielen eine entscheidende Rolle in der Rettung und Vermittlung dieser Hunde und verdienen Anerkennung und Unterstützung für ihre unermüdliche Arbeit.

Wer sich für einen Podenco aus dem Tierschutz entscheidet, gewinnt nicht nur einen treuen Begleiter, sondern leistet auch einen wertvollen Beitrag zum Tierschutz.

„Wenn Hunde nicht in den Himmel kommen, möchte
ich, wenn ich sterbe, dorthin, wo sie sind.
-Will Rogers-

**Gibt es eigentlich so wirklich berühmte Vertreter
dieser wunderbaren Rasse?**

Podencos sind nicht nur für ihre beeindruckenden Fähigkeiten und ihre Treue
bekannt, sondern einige von ihnen haben durch außergewöhnliche Geschichten und besondere Leistungen auch Berühmtheit erlangt. Hier sind einige
berühmte Podencos und ihre bemerkenswerten Geschichten:

Kanary

Kanary ist ein berühmter Podenco, der durch seine herausragenden Jagdfähigkeiten in Spanien bekannt wurde. Kanary wurde oft als Vorzeigebeispiel
für die Jagdfähigkeiten der Podencos verwendet und hat zahlreiche Jagdprei-
se gewonnen. Seine Geschicklichkeit und Schnelligkeit machten ihn zu einem
Vorbild für viele Jäger.

Lola

Lola wurde durch die Arbeit der Tierschutzorganisation „Podenco Friends"
bekannt. Sie wurde in einem schlimmen Zustand gefunden, abgemagert und
voller Wunden. Durch die Pflege und Liebe, die sie von der Organisation
erhielt, verwandelte sie sich in einen gesunden und glücklichen Hund. Ihre
Geschichte wurde vielfach geteilt und diente als Beispiel für die erfolgreiche
Rettung und Rehabilitation von Podencos.

Rio

Rio ist ein Podenco, der durch den berühmten britischen Hundetrainer und
TV-Star Paul O'Grady bekannt wurde. Paul adoptierte Rio aus einer spani-
schen Tötungsstation und brachte ihn nach Großbritannien. Rio trat in Pauls
TV-Show „Paul O'Grady: For the Love of Dogs" auf und half dabei, das Bewusstsein für die Situation von Podencos in Spanien zu schärfen.

Bella

Bella ist ein Podenco, der durch ihre Teilnahme an mehreren Hundeausstel-
lungen und Wettbewerben in Europa Berühmtheit erlangte. Sie gewann zahlreiche Preise für ihre Eleganz und ihr freundliches Wesen. Bella wurde oft als
Botschafterin für die Rasse verwendet, um die Schönheit und Intelligenz der
Podencos hervorzuheben.

Chico

Chico wurde durch seine erstaunliche Rettungsgeschichte bekannt. Er wurde in einem tiefen Brunnen in einem ländlichen Teil Spaniens gefunden, wo er mehrere Tage ohne Nahrung und Wasser überlebt hatte. Seine Rettung durch eine lokale Tierschutzgruppe wurde in den sozialen Medien viral und Chico fand schließlich ein liebevolles Zuhause in Deutschland. Seine Geschichte inspirierte viele Menschen, sich für den Tierschutz einzusetzen.

Teo

Teo ist ein Podenco, der durch seine Arbeit als Therapiehund in Spanien bekannt wurde. Er wurde aus einem Tierheim adoptiert und speziell ausgebildet, um als Therapiehund in Krankenhäusern und Pflegeeinrichtungen zu arbeiten. Teos freundliches und beruhigendes Wesen half vielen Patienten bei ihrer Genesung und verbesserte ihre Lebensqualität.

Diese berühmten Podencos und ihre Geschichten verdeutlichen nicht nur die Vielseitigkeit und das Potenzial dieser beeindruckenden Hunderasse, sondern auch die Wichtigkeit des Tierschutzes und der Adoption.

Sie sind inspirierende Beispiele dafür, wie Podencos trotz schwieriger Anfänge außergewöhnliche Begleiter und Helden werden können.

Ursprung und Entwicklung der Rasse

Der Podenco ist eine der ältesten und faszinierendsten Hunderassen der Welt. Seine Geschichte reicht Tausende von Jahren zurück und ist eng mit den kulturellen und historischen Entwicklungen des Mittelmeerraums verbunden.

In diesem Text wird der Ursprung und die Entwicklung des Podenco ausführlich beleuchtet, um ein besseres Verständnis für diese bemerkenswerte Rasse zu bieten.

Ursprung des Podenco

Die Wurzeln des Podenco reichen bis ins alte Ägypten zurück. Es wird angenommen, dass die Vorfahren des heutigen Podenco bereits vor über 3.000 Jahren existierten. Abbildungen von Hunden, die dem modernen Podenco stark ähneln, finden sich in ägyptischen Gräbern und auf Wandmalereien.

Diese Hunde wurden als Jagdhunde und Begleiter der Pharaonen hochgeschätzt.

Die Verbreitung der Podencos in den Mittelmeerraum wird oft den phönizischen Händlern zugeschrieben. Die Phönizier, die als geschickte Seefahrer und Händler bekannt waren, brachten diese Hunde während ihrer Handelsreisen in verschiedene Teile des Mittelmeerraums, einschließlich der Iberischen Halbinsel. Hier entwickelten sich die Hunde weiter und passten sich an die lokalen Gegebenheiten an.

Entwicklung auf der Iberischen Halbinsel

Auf der Iberischen Halbinsel, insbesondere in Spanien und Portugal, fanden die Podencos ideale Bedingungen vor, um ihre Fähigkeiten als Jagdhunde weiter zu entwickeln. Die rauen und vielfältigen Landschaften dieser Region erforderten Hunde, die sowohl robust als auch wendig waren, um bei der Jagd auf Kaninchen, Hasen und andere kleine Beutetiere erfolgreich zu sein.

Die Entwicklung verschiedener Podenco-Rassen auf der Iberischen Halbinsel lässt sich wie folgt zusammenfassen:

Podenco Ibicenco

Diese Rasse entwickelte sich hauptsächlich auf den Balearen, insbesondere auf der Insel Ibiza. Der Podenco Ibicenco ist bekannt für seine Schnelligkeit, sein schlankes Erscheinungsbild und seine außergewöhnlichen Jagdfähigkeiten. Er ist besonders gut an die felsigen und bewaldeten Landschaften der Balearen angepasst.

Podenco Canario

Der Podenco Canario stammt von den Kanarischen Inseln. Diese Hunde sind kleiner und muskulöser als der Ibicenco und haben sich an das vulkanische und trockene Gelände der Inseln angepasst. Sie sind bekannt für ihre hohe Ausdauer und ihr hervorragendes Jagdvermögen.

Podenco Andaluz

Der Podenco Andaluz ist in Südspanien verbreitet und zeigt eine große Vielfalt in Größe und Felltyp. Diese Rasse ist vielseitig einsetzbar und hat sich an die unterschiedlichsten Landschaften Andalusiens angepasst, von den Küstenregionen bis zu den Berggebieten.

Podenco Portugués

Der Podenco Portugués entwickelte sich in Portugal und ist ebenfalls in verschiedenen Größen und Felltypen zu finden. Diese Hunde sind bekannt für ihre Anpassungsfähigkeit und ihre hervorragenden Jagdfähigkeiten.

Anpassung und Moderne Nutzung

Die Anpassungsfähigkeit und Vielseitigkeit des Podenco haben dazu geführt, dass diese Rasse in vielen verschiedenen Umgebungen erfolgreich eingesetzt werden kann. In ihren Herkunftsländern werden Podencos nach wie vor hauptsächlich als Jagdhunde genutzt. Ihre Fähigkeit, in schwierigem Gelände und unter harten Bedingungen zu jagen, macht sie zu unverzichtbaren Begleitern für viele Jäger.

In den letzten Jahrzehnten hat sich die Rolle der Podencos jedoch erweitert. Durch die Bemühungen von Tierschutzorganisationen und Hundeliebhabern weltweit werden Podencos zunehmend als Familienhunde und Begleithunde geschätzt.

Ihre Intelligenz, Loyalität und ihr freundliches Wesen machen sie zu hervorragenden Haustieren, vorausgesetzt, sie bekommen die notwendige Bewegung und geistige Anregung.

Herausforderungen und Zukunft

Trotz ihrer bemerkenswerten Eigenschaften stehen Podencos vor einigen Herausforderungen. In ihren Herkunftsländern werden viele Podencos nach der Jagdsaison ausgesetzt oder in Tötungsstationen abgegeben, wenn sie nicht mehr benötigt werden.

Tierschutzorganisationen arbeiten unermüdlich daran, diese Hunde zu retten, zu rehabilitieren und in liebevolle Zuhause zu vermitteln.

Die Zukunft des Podenco hängt von der Fortsetzung dieser Bemühungen ab. Durch Aufklärung, verantwortungsvolle Zuchtpraktiken und internationale Adoptionen kann sichergestellt werden, dass diese bemerkenswerte Rasse weiterhin gedeiht und geschätzt wird.

Fazit

Der Podenco ist eine Hunderasse mit einer langen und reichen Geschichte, die bis in das alte Ägypten zurückreicht. Seine Entwicklung auf der Iberischen Halbinsel hat zu einer bemerkenswerten Vielfalt an Rassen geführt, die sich durch ihre Anpassungsfähigkeit, Jagdfähigkeiten und Treue auszeichnen.

Trotz der Herausforderungen, denen sie gegenüberstehen, haben Podencos das Potenzial, sowohl als Jagdhunde als auch als treue Begleiter geschätzt zu werden.

Mit fortgesetzten Tierschutzbemühungen und verantwortungsvoller Haltung kann diese faszinierende Rasse eine strahlende Zukunft haben.

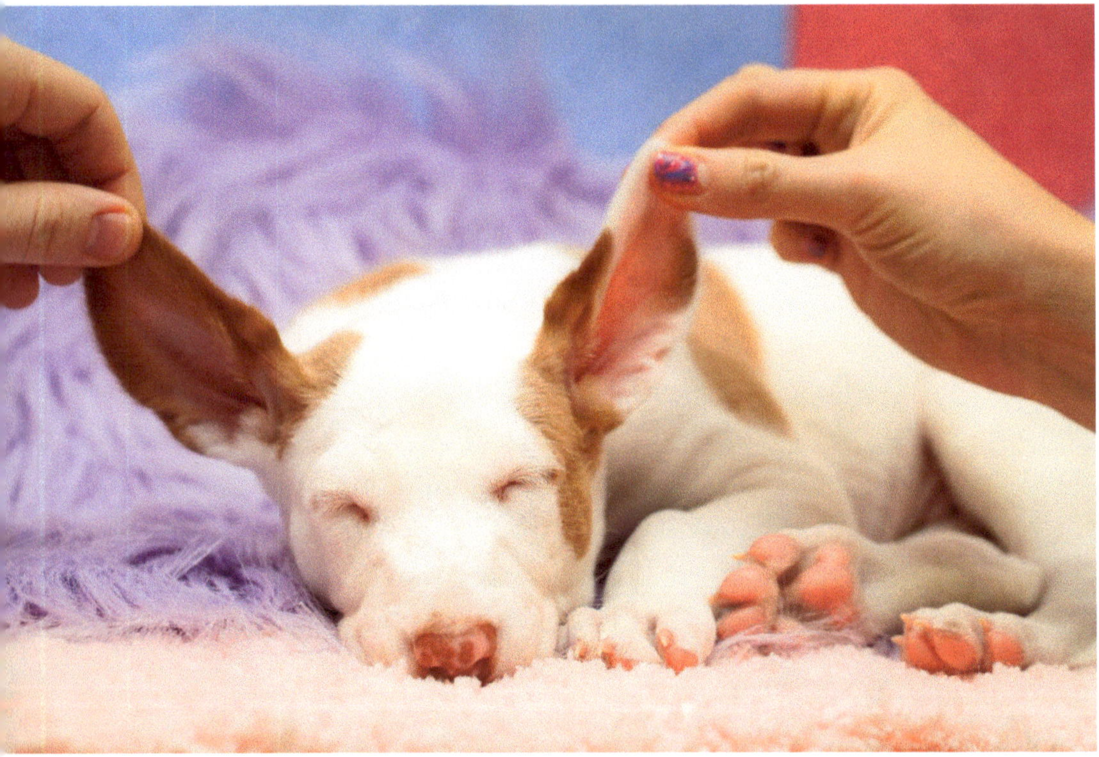

Der Podenco zieht ein.

Na also, endlich ist es so weit! Ihr ausgesuchter Hund ist endlich angekommen. Was für ein Hammer-Tag!

Ob Sie sich für einen Welpen oder auch einen älteren Hund entscheiden, der einen ganz anderen Background hat. Egal, wie es aussieht - heute steht Ihre Welt auf dem Kopf.

Aber bevor Ihr neuer pelziger Kumpel bei Ihnen einzieht, gibt es ein paar Dinge, die Sie im Kopf behalten und ein paar Vorbereitungen, die Sie treffen sollten.

Woher bekommen Sie Ihren Hund?
Das ist wirklich eine der ersten Fragen, die Sie sich stellen sollten, wenn Sie darüber nachdenken, einen Hund zu holen.

Grundsätzlich haben Sie drei Wege, um an einen typgerechten Welpen zu kommen:

- Kommerzielle Händler
- Verantwortungsbewusste Züchter
- Tierheim / Tierschutz

Eins vorweg: Lassen Sie die Finger von kommerziellen Händlern. Die behandeln die Tiere nur wie Ware und scheren sich überhaupt nicht darum, was nach dem Kauf mit den Hunden oder den neuen Besitzern passiert. Sozialisierung und Prägung? Fehlanzeige. Probleme später? Garantiert. Außerdem würden Sie mit einem solchen Kauf dieses teilweise wirklich miese Geschäft unterstützen. Was zuerst wie ein Schnäppchen aussieht, kann schnell zu einer Kostenfalle werden, wenn die Tierarztrechnungen kommen.

Erfahrene Hundehalter können natürlich einem Vierbeiner aus dem Tierheim eine Chance geben. Aber bedenken Sie, diese Tiere sind oft schon geprägt und man weiß nicht immer, unter welchen Bedingungen sie vorher gelebt haben. Schnappen Sie sich nicht voreilig einen dieser armen Kerle - wenn Sie nicht mit ihm zurechtkommen, landet er oft wieder im Tierheim und der Hund ist der Leidtragende. 2nd-Hand-Hunde sind eher etwas für Leute, die viel Zeit, Geduld und Erfahrung mit Hunden haben.

Ihre beste Chance, einen gesunden und typischen Welpen zu bekommen, haben Sie definitiv bei einem seriösen Züchter. Klar, ein gut sozialisierter und liebevoll geprägter Hund ist dort nicht zum Ramschpreis zu haben - aber Sie bekommen wahrscheinlich einen rassetypischen Hund, an dem Sie viele Jahre lang Spaß haben werden.

VDH-Züchter
(auch ÖKV/SKG)

Auf der Suche nach einem guten Züchter sollten Sie sich am besten an die Rassezuchtvereine im VDH (ÖKV, SKG) wenden. Die Kontaktdaten finden Sie im Service-Teil dieses Buches.
Der Verband für das Deutsche Hundewesen (VDH) ist sozusagen die deutsche Dachorganisation für Hundezucht und achtet streng darauf, dass nur vertrauenswürdige Züchter in den angeschlossenen Vereinen für Nachwuchs sorgen. Züchter, die im VDH sind, halten sich an die Regeln, paaren nur geeignete Hunde und kümmern sich von Tag eins an um die Gesundheit ihrer Welpen. Ein VDH-Züchter bietet Ihnen daher maximale Sicherheit bei der Wahl Ihres neuen Familienmitglieds. Das Gleiche gilt für ÖKV und SKG.

Klar, nicht jeder Züchter, der nicht im Verband ist, muss unseriös sein. Aber sicher ist sicher, oder?

Welcher Welpe soll es sein?

Schon bei der Auswahl des Welpen können die ersten Fehler passieren - oft geht es ja nur darum, wer von der Bande gerade der „Niedlichste" ist. Aber das ist genauso daneben, als würden Sie sich ein Auto nur nach der Farbe aussuchen. Wenn Sie nur ein paar Kilometer durch die Stadt zum Einkaufen fahren, brauchen Sie ein anderes Auto als wenn Sie jeden Tag bei Wind und Wetter von Hamburg nach München düsen würden - da spielt die Farbe wirklich die kleinste Rolle.

Genauso ist es bei Ihrem Welpen. Nicht der süßeste Welpe ist der richtige, sondern der, der am besten zu Ihnen passt. Haben Sie die Erfahrung und die Ruhe, um einem ängstlichen kleinen Kerl ins Leben zu helfen oder sollte es ein total aufgeschlossener Welpe sein? Mögen Sie eher einen ruhigen Hund oder einen, der immer Action will?

Sie sehen schon, es geht nicht ums Aussehen, sondern um den Charakter Ihres neuen Familienmitglieds, mit dem Sie ja locker 10-15 Jahre zusammen sein werden.

Jetzt verstehen Sie bestimmt auch, warum der Züchter Ihnen so viele, teilweise wirklich private Fragen stellt - er will herausfinden, wie Sie „ticken", um Ihnen dann den Hund zu zeigen, der am ehesten Ihren Wünschen und Anforderungen entspricht. Vertrauen Sie ihm - er kennt seine Hunde in- und auswendig und hat meistens auch ein gutes Gespür für Menschen. Der Züchter wird alles tun, um sicherzustellen, dass es seinem Welpen gut geht und er den passendsten Besitzer bekommt.

Gesunder Stammbaum

Achten Sie darauf, dass Ihr junger Hund aus einer soliden Zucht stammt und seine Eltern gesund, rassetypisch und charakterstark sind. Ein guter Züchter kann Ihnen jederzeit die Mutterhündin zeigen, denn sie lebt ja bei ihm. Und er wird Ihnen eine Ahnentafel zeigen, die genau aufzeigt, woher der kleine Hund kommt, ausgestellt vom Rassezuchtverein. Dazu sollte er die nötigen Impfungen nachweisen können, denn bei der Übergabe an Sie sollte der Welpe mindestens gegen Staupe, ansteckende Hepatitis, Leptospirose und Parvovirose geimpft und entwurmt sein.
Wenn Sie irgendwelche Zweifel haben, fragen Sie einfach beim zuständi-

gen Rassezuchtverein nach. Die sind immer froh, wenn sie gegen unseriöse Hundevermehrer und -händler vorgehen können. Alle, die die Rasse wirklich lieben und sich um ihre Erhaltung kümmern, sind dabei auf Ihrer Seite.

Rüde oder Hündin?

„Rüden schließen sich nur dem Mann in der Familie an und sind schwieriger zu erziehen, Hündinnen sind anhänglicher." Vergessen Sie solche Pauschalurteile, jeder Hund ist anders. Letztlich hängt die Wahl des Geschlechts wahrscheinlich von Ihren eigenen Vorlieben und praktischen Überlegungen ab. Wenn Sie später selbst züchten wollen, brauchen Sie natürlich eine Hündin. Ansonsten sollten Sie sich die Unterschiede zwischen den Geschlechtern klar machen. Eine Hündin wird zweimal im Jahr läufig und verändert sich dann auch im Verhalten; unbeaufsichtigt kann sie auch schwanger werden. Während der Läufigkeit kann sie ein paar Tropfen Blut verlieren. Ein Rüde dagegen wird auf läufige Hündinnen reagieren, manchmal so stark, dass er tagelang jaulend an der Tür kratzt. Mein Tipp: Schauen Sie sich schon vor dem Hundekauf an, ob in Ihrer Nachbarschaft mehr Hündinnen oder Rüden sind - wenn Sie sich der Mehrheit anschließen, wird das Zusammenleben entspannter. Wenn Sie schon einen Hund haben und sich einen weiteren dazuholen wollen, passen Sie auf, dass Sie nicht zwei Rüden zusammenhalten - das kann oft zu ordentlich Zoff führen. Aber auch unter Hündinnen kann es Streit geben, am geringsten ist das Risiko, wenn Sie einen Rüden und eine Hündin haben. Aber passen Sie auf, dass Ihr Mädel nicht ungewollt schwanger wird.

Wie alt sollte der Welpe sein?

So verlockend es auch sein mag - Sie sollten Ihren Welpen nicht vor der 9. oder 10. Lebenswoche abholen. Ein verantwortungsbewusster Züchter wird Ihnen den Hund auch nicht früher geben, und er kann es auch gar nicht, weil der kleine Hund frühestens in der 8. Woche geimpft und gechipt wird.

Kosten für den Hund

Bevor Sie sich einen Hund zulegen, sollten Sie zumindest grob die Kosten für ein solches Tier überschlagen. Es muss sichergestellt sein, dass Sie diese nicht nur jetzt, sondern über die gesamte Lebensdauer des Hundes tragen können - immerhin kann Ihr Hund Sie gut und gerne 10 oder mehr Jahre begleiten, und eine Trennung aus finanziellen Gründen sollte unbedingt vermieden werden.
Die folgenden Punkte zeigen auf, was auf jeden Fall auf Sie zukommt. Mehrkosten für zusätzliches Spielzeug, Leckereien, Hundehütte, Autoausstattung

usw. hängen davon ab, was Sie alles für Ihr Tier anschaffen wollen.

Anschaffung

Im Vergleich zum gesamten Hundeleben sind die Kosten für die Anschaffung Ihres Vierbeiners die geringsten, also versuchen Sie nicht hier zu sparen. Der vermeintlich günstige Welpe vom Hundevermehrer verursacht oft später hohe Tierarztkosten.
Bei einem Züchter zahlen Sie für Ihren reinrassigen Welpen rund 1.000,- bis 2.000,- €, holen Sie einen Hund aus dem Tierheim, können Sie mit 100,- bis 400,- € rechnen.

Grundausstattung

Für Körbchen, Decke, Leine und Co. sollten Sie zu Beginn etwa 150,- € einplanen, für Ersatz und Neuanschaffungen dürften etwa 100,- € pro Jahr ausreichen.

Ernährung

Die Kosten hierfür richten sich natürlich nach der Qualität des Futters, das Sie Ihrem Vierbeiner anbieten möchten. Sie sollten hier täglich rund 2,- bis 4,- € einplanen, also im Jahr etwa 1.000,- €.

Hundesteuer

Je nach Wohnort liegt die Steuer für Ihren Hund zwischen 20,- und 250,- € pro Jahr.

Versicherung

Für eine solide Haftpflichtversicherung können Sie rund 40,- € pro Jahr rechnen.
Ob Sie eine Krankenversicherung abschließen, sollten Sie sorgfältig überlegen - die Kosten sind mit etwa 60,- € pro Monat ziemlich hoch und der Nutzen lässt sich kaum vorhersagen.

Tierarzt

Mindestens einmal im Jahr sollten Sie einen allgemeinen Check Ihres Hundes vornehmen lassen, hinzu kommen die regelmäßigen Impfungen und Entwurmungen. Natürlich kann Ihr Hund auch mal krank werden, was zu sehr unterschiedlichen Kosten führen kann. Ich denke, mit rund 300,- € pro Jahr haben Sie eine gute Kalkulationsgrundlage.

Hundesteuer

Die Hundesteuer ist quasi die Miete, die Sie für Ihren pelzigen Mitbewohner
an Ihre Stadt oder Gemeinde zahlen. Sie hilft, die ganzen Sachen zu bezahlen,
die mit Hunden zu tun haben, wie z.B. die Beseitigung von Hinterlassenschaf-
ten oder die Einrichtung von Hundespielplätzen. Auch soll sie dazu beitragen,
dass wir nicht von Hunden überrannt werden und nur diejenigen sich einen
Hund anschaffen, die sich wirklich darum kümmern können.

Wer bestimmt, wie viel Sie zahlen müssen? Das sind die örtlichen Behörden,
meist die Gemeinden oder Städte. Deswegen kann es sein, dass Sie in der
einen Stadt weniger zahlen als in der anderen. Also, immer Augen auf bei der
Wahl des Wohnortes!
Wenn Sie sich einen Hund zulegen oder mit Ihrem Hund umziehen, müssen
Sie das bei der örtlichen Behörde anmelden. Dafür gibt es ein Formular, das
Sie ausfüllen und abgeben müssen - meist geht das online oder im Rathaus.

Wie viel Sie genau zahlen, hängt von Ihrer Gemeinde ab. Meistens liegt die
jährliche Steuer für den ersten Hund zwischen 50 und 200 Euro. Haben Sie
mehr als einen Hund, wird es mitunter teurer.

Aber es gibt auch Ausnahmen: Manche Hunde, wie Blindenführhunde oder
Hunde von Behörden, können eine Ermäßigung oder sogar Befreiung von der
Hundesteuer bekommen. Auch Hunde aus dem Tierheim können manchmal
günstiger sein. Aber auch das ist von Ort zu Ort unterschiedlich.

Manche Gemeinden haben auch spezielle Regeln für bestimmte Hunderassen,
die als „Kampfhunde" oder „Listenhunde" gelten. Für diese Hunde kann die
Steuer höher sein, um sicherzustellen, dass nur verantwortungsbewusste Halter sich solche Hunde anschaffen.

Nach der Anmeldung und Zahlung der Hundesteuer erhalten Sie oft eine
Steuermarke, die Sie an das Halsband Ihres Hundes hängen müssen. So kann
jeder sehen, dass Sie Ihre Steuern bezahlt haben.

Wenn Sie umziehen oder Ihr Hund stirbt oder verkauft wird, müssen Sie Ihren
Hund abmelden. Dann ist die Steuerpflicht vorbei.

Die Hundesteuer in Deutschland ist also eine ziemlich komplexe Sache, die
von Ort zu Ort unterschiedlich ist. Deshalb sollten Sie sich immer gut informieren, um keine bösen Überraschungen zu erleben. Bei Fragen können Sie
sich immer an Ihre Gemeinde- oder Stadtverwaltung wenden.

Wichtig ist, dass Sie die Hundesteuer immer pünktlich zahlen und alle notwendigen An- und Abmeldungen vornehmen. So vermeiden Sie Ärger und Strafen. Die Einnahmen aus der Hundesteuer werden u. a. auch -aber keinesfalls nur- für Dinge verwendet, die mit Hunden zu tun haben, wie zum Beispiel die Bereitstellung von Hundetoiletten oder Hundespielplätzen.

Haftpflichtversicherung für den Hund:

Jetzt, wo Sie alles über die Hundesteuer wissen, lassen Sie uns zur Hundehaftpflichtversicherung übergehen. Denn wer will schon auf den Kosten sitzen bleiben, wenn Bello mal die teure Vase der Nachbarin zerlegt, oder?

Die Hundehaftpflichtversicherung ist in manchen Bundesländern sogar Pflicht. Es ist also gut, sich darüber zu informieren, bevor Sie Ihren Hund bei sich aufnehmen. Sie deckt die Kosten, falls Ihr Hund mal etwas kaputt macht oder jemanden verletzt. Und glauben Sie mir, das kann schneller passieren, als Sie denken. Ein kleiner Ausflug in den Park kann schon mal teuer werden, wenn Ihr Hund plötzlich auf die Idee kommt, einem Radfahrer hinterherzujagen.

Die Versicherungssumme ist quasi der maximale Betrag, den die Versicherung im Schadensfall zahlt. Hier gilt: Je höher, desto besser. Denn Sie wissen nie, was passieren kann. Es ist immer besser, auf Nummer sicher zu gehen.

Die Kosten für die Haftpflichtversicherung variieren je nach Anbieter und Tarif. Aber im Durchschnitt können Sie mit etwa 50 bis 100 Euro im Jahr rechnen. Manchmal gibt es auch Rabatte, wenn Sie mehr als einen Hund haben oder einen bestimmten Beruf ausüben. Es lohnt sich also, sich genau zu informieren und die verschiedenen Angebote zu vergleichen.

Auch hier gilt: Immer schön alles anmelden und auf dem Laufenden halten. Wenn Ihr Hund z.B. einen neuen Besitzer bekommt oder stirbt, müssen Sie das der Versicherung melden. Und natürlich müssen Sie auch Ihre Beiträge pünktlich zahlen, damit der Versicherungsschutz nicht erlischt.
Zusammengefasst: Die Hundehaftpflichtversicherung ist ein wichtiger Schutz für Sie und Ihren Hund. Sie hilft, unerwartete Kosten zu decken und sorgt dafür, dass Sie und Ihr Hund sorglos durchs Leben gehen können. Also, checken Sie das mal ab, bevor Sie Ihren neuen besten Freund nach Hause bringen!

Hundekrankenversicherung:

Nachdem wir die Haftpflichtversicherung abgehakt haben, ist es an der Zeit, über die Hundekrankenversicherung zu sprechen. So wie Sie eine Krankenversicherung haben, kann auch Ihr Hund eine haben. Klingt doch gut, oder?

Eine Hundekrankenversicherung deckt die Kosten für tierärztliche Behandlungen ab. Dabei kann es sich um regelmäßige Check-ups, Impfungen, Wurmkuren und Flohbehandlungen handeln. Aber auch die Kosten für größere Eingriffe, wie Operationen, können abgedeckt werden.

Ob Sie eine Krankenversicherung für Ihren Hund abschließen, hängt von verschiedenen Faktoren ab. Zum Beispiel von der Rasse Ihres Hundes, seinem Alter und seiner Gesundheit. Manche Rassen neigen zu bestimmten Gesundheitsproblemen und können daher teurer in der Versicherung sein. Auch ältere Hunde oder Hunde mit Vorerkrankungen können höhere Beiträge haben.

Die Kosten für eine Hundekrankenversicherung variieren stark, aber Sie können mit etwa 20 bis 60 Euro pro Monat rechnen. Wieder gilt: Es lohnt sich, die Angebote zu vergleichen und das Kleingedruckte zu lesen. Manche Versicherungen haben eine Selbstbeteiligung oder decken bestimmte Behandlungen nicht ab.

Auch wenn es eine zusätzliche Ausgabe ist, kann eine Hundekrankenversicherung Ihnen viel Stress und Sorgen ersparen. Stellen Sie sich vor, Ihr Hund muss operiert werden und Sie müssen sich keine Gedanken über die Kosten machen. Das ist doch beruhigend, oder?

Zusammenfassend lässt sich sagen, dass es viele Dinge zu bedenken gibt, wenn Sie einen Hund aufnehmen. Aber mit der richtigen Planung und Vorbereitung können Sie und Ihr neuer vierbeiniger Freund ein sorgloses und glückliches Leben führen. Also, nehmen Sie sich die Zeit und informieren Sie sich gut. Ihr Hund wird es Ihnen danken!

Willkommen im neuen Zuhause, kleiner Welpe

Jetzt wird es spannend! Ihr neuer kleiner Mitbewohner kommt ins Haus und das ist für ihn eine ganz schöne Umstellung. Es ist eine ziemlich verrückte und verwirrende Zeit, daher müssen Sie einfühlsam sein und möglichst viel Zeit mit ihm verbringen. Am besten holen Sie ihn morgens beim Züchter ab, dann hat er den ganzen Tag Zeit, sich zu akklimatisieren, zu futtern, zu spielen und müde zu werden.

Das Zuhause erkunden

Sobald Ihr Welpe zu Hause ankommt, lassen Sie ihn seine neue Umgebung
beschnuppern und erkunden. Zeigen Sie ihm dann sein neues Schlafgemach.
Ihre Wohnung ist für ihn wie ein riesiger Freizeitpark voller neuer Eindrücke,
Geräusche und Gerüche. Total spannend, aber auch ein bisschen beängsti-
gend. Er vermisst seine Mama und seine Geschwister. Von Ihnen erwartet er,
dass Sie ihm die Gesellschaft, Nähe und Sicherheit geben, die er zurückgelas-
sen hat.

Vielleicht gibt Ihnen der Züchter eine Decke mit, die nach der Mama und den
Geschwistern riecht. Das kann ihm helfen, sein Heimweh zu lindern. Nachdem er ein wenig gespielt hat, wird er sich wahrscheinlich auf seinen Schlafplatz zurückziehen und ein Nickerchen machen. Lassen Sie ihn schlafen, denn
Schlaf ist für Welpen genauso wichtig wie für Babys.

Die erste Nacht ohne Mama

In den ersten Nächten könnte Ihr Welpe ein bisschen jammern und unruhig
sein, wenn Sie ihn allein lassen. Ein kleiner Trick kann hier helfen: Wickeln
Sie eine Wärmflasche und einen tickenden Wecker in eine Decke und legen
Sie sie in sein Bett. So fühlt er sich, als wäre ein warmes, lebendiges Wesen
bei ihm.
Hat er schon einen Namen?

Geben Sie Ihrem Welpen so schnell wie möglich einen Namen. Züchter geben
ihren Hunden oft sehr komplizierte Namen, die eher die Abstammung zeigen
und nicht wirklich praktisch sind. Wählen Sie also einen Namen, der Ihnen ge-
fällt, und verwenden Sie ihn immer wieder. Sie werden sehen, er wird schnell
darauf reagieren.

Kinder und andere Tiere

Wenn Sie Kinder haben, erklären Sie ihnen, dass Welpen keine Spielzeuge
sind. Vernachlässigen Sie auch nicht Ihre anderen Haustiere, sonst könnten
sie eifersüchtig auf den neuen Mitbewohner werden. Lassen Sie sie sich langsam und unter Aufsicht kennenlernen. Lassen Sie einen jungen Welpen nie
allein mit einer älteren Katze oder einem älteren Hund.

Schlafplatz

Schaffen Sie einen gemütlichen Schlafplatz für Ihren Welpen, vielleicht in der

Küche oder im Wohnzimmer, wo er vor Zugluft geschützt ist. Welpen kauen gerne auf allem herum, also stellen Sie sicher, dass Sie nur unbedenkliche Materialien verwenden. Ein offener Karton mit einer waschbaren Decke ist zunächst völlig ausreichend.

Sauberkeit ist das A und O

Achten Sie darauf, dass der Napf Ihres Welpen stabil und standfest ist. Am besten sind Näpfe, die entweder schwer genug sind (wie Keramiknäpfe), oder durch Gummifüße nicht auf dem Boden rutschen können. Für unsere langohrigen Freunde gibt es spezielle Schüsseln mit hohem Rand, damit die Ohren beim Fressen nicht im Napf landen. Wichtig: Reinigen Sie den Napf nach jeder Mahlzeit, denn Sauberkeit ist das A und O.

Die ersten Tage und Wochen mit Ihrem Welpen werden für beide eine Lernzeit sein. Bauen Sie eine feste Routine auf, einschließlich Fütterungszeiten, Toilettenpausen, Spiel- und Schlafenszeiten. Diese Konstanz gibt Ihrem Welpen Sicherheit und hilft ihm, sich schnell an sein neues Zuhause zu gewöhnen.

Vergessen Sie nicht, dass Welpen sehr viel Schlaf benötigen, also lassen Sie ihn viel ruhen und stellen Sie sicher, dass er einen ruhigen, sicheren Ort zum Schlafen hat. Es ist auch eine gute Idee, ihm so schnell wie möglich das Halsband und die Leine vorzustellen. Beginnen Sie langsam und halten Sie die Trainingseinheiten kurz und positiv.

Das Training mit Ihrem Welpen kann viel Geduld erfordern, aber es lohnt sich definitiv. Denken Sie daran, ihn immer zu belohnen, wenn er etwas richtig macht, anstatt ihn zu bestrafen, wenn er einen Fehler macht. Lob und positive Verstärkung sind der Schlüssel zu einem erfolgreichen Training und einer starken Bindung zwischen Ihnen und Ihrem Welpen.

Zusammenfassend lässt sich sagen, dass es viele Dinge zu bedenken gibt, wenn Sie einen Welpen aufnehmen. Aber mit der richtigen Vorbereitung und Planung können Sie und Ihr neuer vierbeiniger Freund ein sorgloses und glückliches Leben führen. Also, nehmen Sie sich die Zeit und informieren Sie sich gut. Ihr Welpe wird es Ihnen danken!

Spielzeugschrank auffüllen

Wenn Sie das erste Mal in einen Tierfachhandel gehen, werden Sie vermutlich erstaunt sein, wie viel Spielzeug es für Vierbeiner gibt. Es ist fast wie bei Kindern! Aber seien Sie vorsichtig: Nicht jedes bunte Quietschteil ist für

Ihren Welpen geeignet. Es sollte stabil genug sein, damit er keine Teile davon abbeißen und verschlucken kann. Es sollte auch groß genug sein, damit er es nicht verschlucken kann.

Gedrehte Stoffseile sind eine gute Wahl, da sie für langanhaltenden Spielspaß sorgen und ungefährlich sind, falls doch mal Fasern verschluckt werden. Große, stabile Gummibälle, die größer sind als das Maul Ihres Welpen, sind auch eine gute Idee.

Keine Schimpftiraden!

Es ist wichtig, dass Sie immer liebevoll, vorsichtig und geduldig mit Ihrem Welpen umgehen. Sollte er mal etwas kaputt machen oder eine Pfütze auf dem Teppich hinterlassen, schimpfen oder schreien Sie ihn nicht an. Das könnte ihn verängstigen und verwirren.

Versuchen Sie stattdessen, eine fröhliche und entspannte Atmosphäre zu schaffen, in der Sie und Ihr Welpe sich kennenlernen können. So wird er Ihnen schnell sein Vertrauen schenken und Sie legen den Grundstein für ein glückliches Zusammenleben.

Die Starterpackung

Ob Sie auf einem Bauernhof leben oder Ihr Hund in eine Stadtwohnung zieht, es gibt ein paar Basics, die Sie auf jeden Fall brauchen. Organisieren Sie diese Sachen, bevor Ihr Hund eintrifft, und platzieren Sie sie gleich an ihrem zukünftigen Platz.

- Futter- und Wassernapf: Wählen Sie stabile Modelle, am besten aus Keramik.
- Schlafplatz: Vermeiden Sie Weidengeflecht, da es beim Knabbern Verletzungen verursachen kann.
- Hundedecke: Sie sollte weich und waschbar sein.
- Hundemarke: Mit Ihren Kontaktinformationen und denen des Tierarztes.
- Halsband und Leine: Ein Halsband mit Sicherheitsverschluss und eine 2-Meter-Leine aus Leder oder Nylon sind ideal.
- Pflegeprodukte: Bürsten, Kämme und Hundeshampoo.
- Transportbox: Wählen Sie eine, die auch für Flugreisen zugelassen ist, falls Sie mit Ihrem Hund reisen möchten.
- Futter: Sorgen Sie für eine vollwertige, ausgewogene Ernährung.
- Leckereien: Ideal für Trainingseinheiten.
- Hundespielzeug: Denn Spielen ist wichtig!

Mit diesen Dingen sind Sie gut ausgerüstet und können entspannt in Ihr neu-

es Leben mit Hund starten. Alles Weitere wird sich mit der Zeit ergeben und abhängig vom Temperament Ihres neuen vierbeinigen Freundes sein.

Die erste Spritztour

Ihr Welpe wird beim Autofahren seekrank? Keine Sorge, das wird sich im 9. oder 10. Lebensmonat deutlich bessern. Theoretisch liegt das daran, dass das rasante Wachstum eines Welpen in seinen ersten Lebensmonaten auch sein Innenohr betrifft und ihn somit anfälliger für Bewegungs- und Reisekrankheit macht.

Mit dem Ende des Welpenwachstums nimmt also auch die Reisekrankheit ab.

Wenn also Autofahrten momentan einfach zu traumatisch für den kleinen Vierbeiner sind, können Sie ihn in naher Zukunft langsam wieder daran gewöhnen.

Beginnen Sie mit kurzen Strecken. Aber bevor Sie die Fahrt starten, beachten Sie bitte folgende Tipps, um sicherzustellen, dass es für Sie und Ihren jungen Vierbeiner eine sichere und angenehme Autofahrt wird.

Sicherheit geht vor

Für Reisen im Auto sind Welpen oder ausgewachsene Hunde am sichersten in einer zugelassenen Transportbox oder Sicherheitsdecke untergebracht, die quer zur Fahrtrichtung im Auto befestigt wird. Ein Vorteil von Transportboxen ist, dass Ihr Welpe auch bei einem Unfall noch gesichert ist. Falls Sie verletzt sind oder das Auto schwer beschädigt ist, kann das Rettungsteam immer noch leicht zu Ihrem Welpen gelangen.

Revierverteidigung

Im jugendlichen Alter neigen Hunde oft dazu, Passanten oder andere Hunde aus dem Auto heraus anzubellen. Wenn Ihr Welpe in einer Transportbox untergebracht ist, kann es helfen, diese mit einem Handtuch abzudecken. So bekommt Ihr kleiner Racker den vermeintlichen Störenfried gar nicht erst zu sehen.

Auf's Kommando warten

Ganz wichtig: Der Welpe muss warten, bis Sie das Kommando zum Aussteigen geben. So wird verhindert, dass er unbeaufsichtigt auf die Straße läuft. Wie bei jedem Welpentraining ist es auch hier wichtig, Ihren Kleinen zu belohnen, wenn er etwas gut gemacht hat.

Wenn Sie Ihrem Welpen beigebracht haben, dass Autofahren eine tolle Sache ist und meistens positiv endet, dann sollte eine solche Fahrt für Sie beide zu einem sicheren und freudigen Erlebnis werden.

Welpenspieltage

Frühkindliche Erziehung

Für Menschen heißt es „Was der Bauer nicht kennt, frisst er nicht" und das gilt auch für Hunde. Bereits der Welpe sollte mit seiner Umgebung vertraut gemacht und erzogen werden, um als ausgewachsener Hund keine Probleme zu bereiten. Die Zeit zwischen der 3. und der 16. Lebenswoche ist besonders wichtig, denn während dieser Phase ist Ihr Welpe in seiner Prägephase. Er ist jetzt besonders empfänglich; was er in dieser Zeit lernt, prägt sein zukünftiges Verhalten maßgeblich.

Was wird in der Welpenschule gelehrt?

Während des Spiels mit gleichaltrigen Hunden trainieren die Welpen ihr Sozialverhalten und die Kommunikation untereinander. Gleichzeitig lernen sie verschiedene Menschen, wie den Trainer und andere Welpenbesitzer, kennen. In den meisten Welpenschulen stehen zudem die angstfreie Annäherung an andere Menschen, das Nicht-Anspringen und das Nicht-Jagen anderer Tiere auf dem Programm. Da sie viele Umwelteindrücke sammeln, sind sie als ausgewachsene Hunde in unbekannten Situationen gelassener.
Da der Trainer dieses Spielen erklärt, erhält auch der Besitzer wichtige Informationen, z.B. über das Sozialverhalten und die Kommunikation von Hunden. Sollte ein Gerangel einmal zu weit gehen, kann der erfahrene Trainer die Situation richtig einschätzen und gegebenenfalls eingreifen. Darüber hinaus haben die meisten Welpenbesitzer zahlreiche Fragen an den Trainer und sind dankbar für Tipps zu alltäglichen Problemen, wie z. B. der Sauberkeitserziehung.
In kurzen Einheiten werden die Welpen spielerisch mit Kommandos vertraut gemacht. Das realistische Ziel ist, dass die Welpen am Ende der Welpenschule folgende Kommandos kennen: Sitz, Platz, Hier/Komm, Aus/Nein.

Wann beginnt die Schule?

Nachdem der Welpe vom Züchter abgeholt wurde, sollte er zunächst etwa eine Woche Zeit haben, um sich an sein neues Zuhause und seine neue Familie zu gewöhnen. Der Welpe muss die für sein Alter notwendigen Impfungen erhalten haben und es ist ratsam, bereits eine Haftpflichtversicherung für Tierhalter abgeschlossen zu haben.

Woran erkennt man eine gute Welpenschule?

Idealerweise betreut ein Trainer nicht mehr als fünf bis sechs Welpen. Die jungen Hunde sollten alle etwa gleich alt bzw. gleich stark sein. Der Trainer muss die Fähigkeiten des einzelnen Welpen berücksichtigen und die Interaktionen in der Gruppe steuern. Es gibt Hundeschulen, die ihre Welpenstunden in einem eingezäunten Bereich oder sogar einer Halle abhalten. Alternativ gibt es mobile Hundeschulen, die ihre Kurse im Freien durchführen.

Unabhängig davon sollte die Ausstattung jede Menge bewegliche oder geräuschvolle Objekte umfassen, wie z.B. Tunnel, Wippen, Flatterbänder, Planen usw. Zum Programm einer Welpenschule gehört in der Regel ein Ausflug in die Stadt, wo der junge Hund mit Fahrrädern, Skateboards und ähnlichem vertraut gemacht wird.

Der Besuch einer Welpenschule mit Ihrem Welpen ist eine lohnenswerte Erfahrung! Es ist eine erstklassige Gelegenheit, Ihrem jungen Hund wichtige Fertigkeiten beizubringen und ihn auf das Leben in der „großen weiten Welt" vorzubereiten. Es bietet ihm auch die Möglichkeit, mit anderen Hunden zu interagieren und soziale Fähigkeiten zu entwickeln, die ihm im weiteren Leben zugutekommen werden. Daher ist es eine wertvolle Investition in die Zukunft Ihres Hundes und Ihre zukünftige Beziehung zu ihm.

Formen Sie Ihr Hündchen fürs Leben

Haben Sie gewusst, dass Hunde ab einem Alter von drei Wochen in eine Phase eintreten, die wir „Prägungsphase" nennen? In dieser spannenden Zeit verlassen die kleinen Fellknäuel ihr Nest und entdecken voller Neugier ihre Umwelt. Die Erfahrungen, die sie in dieser Phase mit ihrer Mama und ihren Geschwisterchen machen, prägen ihr zukünftiges Verhalten gegenüber anderen Hunden enorm. Und nicht nur das - je häufiger sie in dieser Zeit auf Menschen treffen, desto besser werden sie später mit uns Zweibeinern zurechtkommen.

Alles, was Ihrem Vierbeiner aus dieser frühen Phase seines Lebens bekannt ist, wird ihm später kaum Probleme bereiten. Das betrifft nicht nur den sozialen Umgang, sondern auch alltägliche Geräusche, wie das Brummen eines Autos, das Surren eines Rasenmähers oder das Summen eines Föhns. Wenn ein Hund in dieser Phase nur wenig Reizen ausgesetzt war, kann er später oft nervös oder sogar aggressiv auf seine Umwelt reagieren.

Etwas, was Ihr Hund in der Prägungsphase an sozialem Lernen verpasst hat, lässt sich später kaum aufholen. Das sollten Sie unbedingt im Hinterkopf behalten, wenn Sie sich auf die Suche nach Ihrem zukünftigen vierbeinigen Begleiter machen - oder genauer gesagt, wenn Sie den Züchter auswählen. Denn in der Regel zieht Ihr Welpe erst mit acht Wochen oder später bei Ihnen ein.

Achten Sie also darauf, dass Ihr zukünftiger Fellfreund einen guten Start ins Leben hatte. Er sollte auf keinen Fall alleine in einem Zwinger aufgewachsen sein, sondern am besten in einem Haus mit Garten. Und er sollte schon beim Züchter viele Kontakte gehabt haben - sowohl zu anderen Hunden als auch zu Menschen. Nur so kann er sich zu einem gut sozialisierten und selbstbewussten Hund entwickeln.

Spielen muss auch sein.

„Je mehr ich von Menschen sehe, desto mehr liebe ich meinen Hund." - Diogenes

Blau oder gelb – welcher ist sinnvoll?

Haben Sie sich auch schon einmal gefragt, was es mit dem blauen und gelben Ausweis für Haustiere auf sich hat? Der Unterschied zwischen beiden Ausweisen ist recht einfach zu erklären. Der gelbe Impfausweis fungiert als nationaler Standard und dokumentiert die Impfungen Ihres Haustieres. Dieser Ausweis wird üblicherweise vom Tierarzt oder gelegentlich auch vom Züchter ausgestellt. Er ist ausreichend, wenn Sie sich nur innerhalb Deutschlands bewegen und keine Reisen ins Ausland planen.

Sobald Sie jedoch mit Ihrem tierischen Begleiter die Landesgrenzen innerhalb der Europäischen Union überschreiten möchten, wird es Zeit für den blauen Heimtierausweis. Dieser Ausweis wurde durch eine EU-Verordnung eingeführt, um eine gewisse Ordnung in die verschiedenen Bestimmungen der EU-Länder zu bringen.

Der blaue Heimtierausweis ist für Hunde, Katzen und Frettchen verpflichtend und dient dazu, die Verbreitung von Tierseuchen wie beispielsweise Tollwut einzudämmen. Reptilien, Nager und Kaninchen sind glücklicherweise von dieser Pflicht ausgenommen, da sie keine Tollwutgefahr darstellen.

Wenn Sie also mit Ihrem Vierbeiner ins Ausland reisen möchten, sei es innerhalb der EU oder sogar weltweit, benötigen Sie den blauen Heimtierausweis. Das Besondere daran ist, dass er ein einheitliches Muster aufweist und jedem Tier eine eindeutige Nummer zugewiesen wird, ähnlich wie bei einer Personalausweisnummer. Dies erleichtert die Identifizierung Ihres Haustieres und ermöglicht es im Notfall, schnell den Besitzer festzustellen.

Es ist jedoch wichtig zu beachten, dass nicht jeder den Heimtierausweis ausstellen darf. Dies ist ausschließlich dem Tierarzt oder einer anderen autorisierten Stelle gestattet. Damit Ihr Tier den Ausweis erhält, muss es mit einem Mikrochip gekennzeichnet sein. Dadurch ist sichergestellt, dass es eindeutig identifiziert werden kann. Es gibt standardisierte Mikrochips, die von den gängigen Lesegeräten gelesen werden können. Sollte der Chip nicht den erforderlichen Standards entsprechen, müssen Sie als Tierhalter ein geeignetes Lesegerät bereitstellen.

Ein kleiner Haken besteht allerdings: Die Ausstellung des Heimtierausweises ist mit Kosten verbunden, die Sie als Tierhalter tragen müssen. Dies liegt daran, dass der Ausweis bestimmten Standards entsprechen muss und nur von qualifizierten Stellen ausgestellt werden darf. Seien Sie also darauf vorbereitet, dass bei der Beantragung des Ausweises Gebühren anfallen.

Es ist völlig klar, dass der Heimtierausweis nicht nur eine lästige Formalität ist. Er ist von großer Bedeutung, um sicherzustellen, dass Ihr tierischer Begleiter reibungslos in andere Länder reisen kann. Seien Sie also gut vorbereitet, besorgen Sie sich den blauen Heimtierausweis und starten Sie gemeinsam mit Ihrem tierischen Freund in neue Abenteuer!

Erziehung und Ausbildung Ihres Hundes

Hundeerziehung: Ein erster Leitfaden

Einen Hund zu erziehen ist eine herausfordernde, aber lohnende Aufgabe. Ob Sie einen Welpen oder einen erwachsenen Hund haben, die Erziehung spielt eine entscheidende Rolle für das Wohlbefinden des Hundes und die Qualität Ihrer Beziehung zu ihm. Im Folgenden finden Sie einen ausführlichen Leitfaden zur Hundeerziehung.

1. Verständnis der Hundeerziehung

Hundeerziehung ist ein Prozess, bei dem ein Hund lernt, bestimmte Verhaltensweisen auszuführen oder zu vermeiden, in der Regel durch den Einsatz von Befehlen, Belohnungen und Korrekturen. Die Erziehung kann auf verschiedene Aspekte des Verhaltens eines Hundes abzielen, einschließlich

Gehorsam, Sozialverhalten und spezielle Fähigkeiten.

2. Frühe Sozialisierung

Die Sozialisierung eines Hundes in jungen Jahren ist ein entscheidender Teil seiner Erziehung. Sozialisierung bedeutet, den Hund in verschiedenen Situationen und Umgebungen mit unterschiedlichen Menschen, Tieren und Geräuschen zu konfrontieren, um ihn an diese zu gewöhnen und sicherzustellen, dass er in der Zukunft nicht ängstlich oder aggressiv reagiert.

3. Grundlegendes Gehorsamstraining

Das Gehorsamstraining lehrt einen Hund, auf bestimmte Befehle zu reagieren, wie „Sitz", „Platz", „Hier" oder „Aus". Dies kann durch positive Verstärkung erreicht werden, bei der der Hund sofort nach dem Ausführen des gewünschten Verhaltens belohnt wird.

4. Erweitertes Training

Für Hunde, die bereits die Grundlagen des Gehorsams beherrschen, kann ein erweitertes Training sinnvoll sein. Dies kann spezialisierte Fähigkeiten umfassen, wie Apportieren, Spurensuche, Agilität oder spezifische Aufgaben für Arbeitshunde.

5. Problemverhalten

Einige Hunde können problematische Verhaltensweisen entwickeln, wie Aggression, Ängstlichkeit oder Zerstörungswut. In solchen Fällen kann eine spezielle Verhaltenstherapie notwendig sein. Es ist wichtig, professionelle Hilfe in Anspruch zu nehmen, wenn das Problemverhalten des Hundes die Lebensqualität des Hundes oder seine Sicherheit beeinträchtigt.

6. Kontinuierliches Lernen

Hundeerziehung ist kein einmaliger Prozess, sondern erfordert kontinuierliche Anstrengungen. Auch nachdem ein Hund die Grundlagen gelernt hat, ist es wichtig, das Training fortzusetzen, um seine Fähigkeiten zu festigen und zu erweitern.

7. Positive Verstärkung

Positive Verstärkung ist eine der effektivsten Methoden in der Hundeerziehung. Sie fördert das gewünschte Verhalten, indem sie es belohnt, anstatt unerwünschtes Verhalten zu bestrafen. Belohnungen können Leckerlis, Spielzeug, Lob oder körperlicher Kontakt sein.

8. Geduld und Konsequenz

Geduld und Konsequenz sind Schlüsselaspekte der Hundeerziehung. Es ist wichtig zu verstehen, dass das Erlernen neuer Verhaltensweisen Zeit braucht und dass Hunde Fehler machen können. Bleiben Sie geduldig und geben Sie klare, konsistente Anweisungen, um Ihren Hund zu leiten.

9. Die Rolle der Bindung

Die Beziehung, die Sie mit Ihrem Hund haben, spielt eine entscheidende Rolle bei seiner Erziehung. Ein Hund, der eine starke, positive Beziehung zu seinem Besitzer hat, wird wahrscheinlich eher bereit sein, zu lernen und zu gehorchen. Verbringen Sie viel Zeit mit Ihrem Hund, spielen Sie mit ihm und stellen Sie sicher, dass er seine Grundbedürfnisse erfüllt bekommt, einschließlich Futter, Wasser, Bewegung und soziale Interaktion.

10. Umgang mit Fehlverhalten

Wenn Ihr Hund ein unerwünschtes Verhalten zeigt, ist es wichtig zu wissen, wie man darauf reagiert. Negative Verstärkung oder Bestrafung kann oft kontraproduktiv sein und Angst oder Aggression beim Hund hervorrufen. Stattdessen sollten Sie unerwünschtes Verhalten ignorieren oder umleiten und gewünschtes Verhalten belohnen.

11. Professionelle Hilfe

Manchmal können Hundeerziehungsprobleme überwältigend sein und professionelle Hilfe kann erforderlich sein. Hundetrainer und Tierverhaltensberater können wertvolle Unterstützung und Anleitung bieten.

12. Fortlaufendes Training

Hundeerziehung sollte nicht aufhören, sobald Ihr Hund die Grundbefehle gelernt hat. Fortlaufendes Training hilft, die geistige Stimulation Ihres Hundes zu fördern und kann dazu beitragen, problematische Verhaltensweisen zu verhindern. Sie können weiterhin neue Befehle und Tricks einführen, je nach den Fähigkeiten und dem Interesse Ihres Hundes.

Grundtraining für Welpen: Früh übt sich!

Welpentraining ist ein entscheidender Schritt in der Entwicklung eines Hundes. Es legt das Fundament für zukünftige Verhaltensmuster, fördert die Bindung zwischen Hund und Halter und hilft dem Welpen, sich in seiner neuen Umgebung sicher und wohl zu fühlen. Hier sind einige wichtige Aspekte, auf die man sich bei einem Grundtraining für Welpen konzentrieren sollte.

1. Frühzeitige Sozialisierung

Die Sozialisierung ist einer der wichtigsten Aspekte des Welpentrainings. Junge Welpen sind sehr empfänglich für neue Erfahrungen, was diese Phase ideal für die Sozialisierung macht. Lassen Sie Ihren Welpen verschiedene Menschen, Umgebungen, Geräusche und andere Tiere kennenlernen. Dies kann dazu beitragen, dass Ihr Welpe zu einem selbstbewussten und gut angepassten erwachsenen Hund heranwächst.

2. Stubenreinheit

Eines der ersten Dinge, die ein Welpe lernen sollte, ist, seine Geschäfte draußen zu erledigen. Dies kann Geduld erfordern, da Welpen noch nicht die volle Kontrolle über ihre Blase und ihren Darm haben. Führen Sie den Welpen regelmäßig nach draußen, besonders nach dem Essen, Trinken, Spielen oder Schlafen, und loben Sie ihn, wenn er seine Geschäfte draußen erledigt.

3. Beißen hemmen

Welpen neigen dazu, beim Spielen zu beißen, da sie ihre Umgebung mit dem Maul erkunden. Es ist wichtig, dem Welpen beizubringen, dass es nicht akzeptabel ist, Menschen zu beißen. Wenn der Welpe beißt, sollten Sie das Spiel unterbrechen und ihm ein Spielzeug oder einen Kausnack anbieten, um seine Aufmerksamkeit umzulenken.

4. Grundbefehle

Welpen können schon in jungen Jahren einfache Befehle lernen, wie „Sitz", „Platz", „Hier" und „Aus". Beginnen Sie mit kurzen Trainingseinheiten und verwenden Sie positive Verstärkung, wie Leckerlis oder Lob, um den Welpen zu belohnen, wenn er den Befehl richtig ausführt.

5. Leinenführigkeit

Das Training an der Leine ist ein weiterer wichtiger Aspekt des Welpentrainings. Welpen sollten lernen, an einer lockeren Leine neben dem Halter zu gehen, ohne zu ziehen oder zu springen. Beginnen Sie mit kurzen Spaziergängen und üben Sie in einer ruhigen Umgebung, bevor Sie den Welpen in belebtere Gebiete führen.

6. Alleinsein

Es ist wichtig, dass Welpen lernen, alleine zu sein, um Trennungsangst zu vermeiden. Beginnen Sie mit kurzen Zeiträumen und erhöhen Sie diese allmählich, während der Welpe älter wird. Stellen Sie sicher, dass der Welpe sich in seinem Ruhebereich wohl fühlt und dass er genügend Spielzeug zur Beschäftigung hat, wenn er alleine ist.

7. Ruhe und Entspannung

Es ist genauso wichtig, Ihrem Welpen beizubringen, sich zu entspannen und zu ruhen, wie es ist, ihm Befehle beizubringen. Junge Hunde haben eine Menge Energie, aber sie brauchen auch viel Schlaf, um sich gesund zu entwickeln. Ein gutes Training sollte immer auch Pausen und Ruhezeiten beinhalten. Fördern Sie ruhiges Verhalten, indem Sie einen sicheren und komfortablen Schlafplatz für Ihren Welpen bereitstellen und diese ruhigen Zeiten nicht stören.

8. Positive Verstärkung

Positive Verstärkung ist eine Schlüsselstrategie im Welpentraining. Jedes Mal, wenn Ihr Welpe ein gewünschtes Verhalten zeigt, sollten Sie ihn sofort belohnen. Das kann durch freundliche Worte, Streicheleinheiten, Spiel oder Leckerlis geschehen. Dies verstärkt das Verhalten und motiviert den Welpen, es in Zukunft zu wiederholen.

9. Konsequenz

Welpen lernen am besten durch Konsequenz und Wiederholung. Wenn Sie ein Kommando oder eine Regel einführen, sollten Sie dabei bleiben und es regelmäßig üben. Stellen Sie sicher, dass alle Familienmitglieder die gleichen Befehle und Regeln befolgen, um Verwirrung zu vermeiden.

10. Geduld

Erinnern Sie sich daran, dass Welpen noch lernen und Fehler machen werden. Es ist wichtig, geduldig zu sein und realistische Erwartungen zu haben. Wut oder Frustration wird dem Training nicht helfen und kann den Welpen ängstigen.

11. Soziale Interaktion

Welpen sollten die Möglichkeit haben, regelmäßig mit anderen Hunden zu interagieren. Dies hilft ihnen, soziale Fähigkeiten zu entwickeln und die Körpersprache anderer Hunde zu verstehen. Überlegen Sie sich, Ihren Welpen in eine Welpenspielgruppe zu bringen oder organisierte „Spiel-Dates" mit anderen Hunden zu arrangieren.

Fazit

Die Erziehung eines Welpen ist eine verantwortungsvolle und manchmal herausfordernde Aufgabe, die Geduld, Engagement und Liebe erfordert. Mit den richtigen Techniken und einem positiven Ansatz kann das Training jedoch eine lohnende Erfahrung sein, die den Grundstein für das zukünftige Verhalten Ihres Hundes legt. Vergessen Sie nicht, dass das Ziel eines guten Trainings ist, einen gesunden, glücklichen und gut angepassten Hund großzuziehen, der ein geliebtes Mitglied Ihrer Familie ist.

7 verbreitete Irrtümer in der Welpenerziehung

1. So viele Wiederholungen wie möglich

Es ist ein weit verbreiteter Irrtum, dass unendliche Wiederholungen das Lernen beschleunigen. Während Wiederholungen tatsächlich wichtig sind, um Ihrem Welpen neue Befehle beizubringen, ist Qualität wichtiger als Quantität. Übermäßige Wiederholungen können zu Überlastung und Langeweile führen. Es ist besser, mehrere kurze Trainingseinheiten während des Tages zu verteilen, anstatt eine lange Sitzung durchzuführen.

2. Der Hund ist wie der Mensch

Hunde sind keine Menschen und sie denken auch nicht wie Menschen. Hunde haben ihre eigene Art zu lernen und zu kommunizieren, die stark von der des Menschen abweicht. Hunde leben im Hier und Jetzt und haben kein abstraktes Denken wie Menschen.

3. Hunde haben ein schlechtes Gewissen

Hunde zeigen tatsächlich Verhaltensweisen, die Menschen als „schuldig"
interpretieren können, aber dies ist in der Regel eine Reaktion auf den Ton
und das Verhalten des Besitzers, nicht auf das Verständnis der Folgen ihres
Verhaltens. Sie erkennen, dass Sie wütend sind, aber sie verstehen nicht unbedingt, warum.

4. Der Hund versteht genau, was ich sage

Während Hunde lernen können, auf bestimmte Wörter oder Befehle zu reagieren, verstehen sie die menschliche Sprache nicht auf die gleiche Weise, wie
wir es tun. Oft reagieren sie mehr auf unseren Ton, unsere Körpersprache und
unsere Stimmung als auf die tatsächlichen Wörter, die wir sagen.

5. Konsequenz ist unwichtig

Das genaue Gegenteil ist der Fall. Konsequenz ist extrem wichtig in der Hundeerziehung. Hunde lernen durch Wiederholung und Verstärkung. Wenn Sie
inkonsequent sind, kann Ihr Welpe verwirrt werden und es ist schwieriger für
ihn, zu lernen, was Sie von ihm erwarten.

6. Gassi gehen reicht

Gassi gehen ist eine wichtige Aktivität, aber es reicht nicht aus, um alle Bedürfnisse Ihres Welpen zu erfüllen. Welpen brauchen auch geistige Anregung,
Training, Sozialisierung und Spielzeit. Es ist wichtig, ein Gleichgewicht zwischen körperlicher Aktivität und geistiger Anregung zu finden.

7. Härte muss sein

Härte oder Strafen sind nicht nur unnötig, sondern können auch kontraproduktiv und schädlich sein. Gewalt oder Bestrafung können zu Angst, Un-
sicherheit und sogar Aggression führen. Positive Verstärkung ist eine viel
effektivere und freundlichere Methode, um Ihrem Welpen beizubringen, was
Sie von ihm erwarten.

Völlig veraltete Erziehungsmethoden, die Sie unbedingt vermeiden müssen:

1. Dem Hund zeigen, wer der Boss ist

Dieser Ansatz basiert auf der Theorie, dass Hunde in einer strengen Hierarchie leben und der Mensch der „Alpha" oder „Rudelführer" sein muss. Diese Theorie wurde jedoch inzwischen stark in Frage gestellt. Hunde sind keine Wölfe und selbst bei Wölfen ist die Hierarchie komplexer und dynamischer, als man früher dachte. Es ist wichtiger, eine positive, respektvolle Beziehung zu Ihrem Hund aufzubauen, basierend auf gegenseitigem Vertrauen und Verständnis, anstatt Dominanz zu zeigen.

2. Stachelhalsbänder sind verboten

Stachelhalsbänder, die dem Hund Schmerzen zufügen, wenn er an der Leine zieht, wurden lange Zeit als wirksame Methode zur Korrektur unerwünschten Verhaltens angesehen. Inzwischen sind sie in vielen Ländern verboten und von Tierärzten und Hundeexperten weltweit abgelehnt. Sie können physischen Schaden und emotionale Traumata verursachen und sind nicht effektiv bei der Behebung der zugrunde liegenden Ursachen für problematisches Verhalten.

3. Den Hund auf den Rücken drehen

Dies wird manchmal als „Alpha-Roll" bezeichnet und wurde als Methode zur Demonstration der Dominanz gegenüber dem Hund propagiert. Diese Praxis ist jedoch gefährlich und kann zu Angst und Aggression bei Hunden führen. Es kann auch die Vertrauensbeziehung zwischen Mensch und Hund zerstören.

4. Hundenase in Kot oder Urin drücken

Früher glaubte man, dass das Drücken der Nase des Hundes in seinen Kot oder Urin eine effektive Methode ist, um ihn stubenrein zu machen. Heute wissen wir, dass dies nicht nur unwirksam, sondern auch grausam und verwirrend für den Hund ist. Stattdessen sollte positive Verstärkung verwendet werden, um dem Hund beizubringen, wo er seine Geschäfte erledigen soll.

5. Den Hund am Nackenfell schütteln

Einige Leute glauben, dass das Schütteln eines Hundes am Nackenfell eine natürliche Korrekturmethode ist, da es Hündinnen mit ihren Welpen tun. Aber es ist nicht nur gefährlich (es kann Verletzungen am Hals und der Wirbelsäule verursachen), es ist auch sehr einschüchternd für den Hund und kann zu Angst und Misstrauen führen.

6. Schnauzengriff beim Hund

Der Schnauzengriff, bei dem die Schnauze des Hundes fest geschlossen wird, ist eine weitere veraltete Methode, die oft als Bestrafung oder zur Korrektur unerwünschten Verhaltens verwendet wurde. Wie andere veraltete Methoden kann auch der Schnauzengriff Angst und Aggression hervorrufen und das Vertrauen zwischen Mensch und Hund schädigen. Es gibt viel effektivere und humanere Methoden zur Korrektur unerwünschten Verhaltens, wie positive Verstärkung und professionelles Verhaltenstraining.

Die schlimmsten Fehler in der Hundeerziehung

Eine solide Erziehung Ihres Hundes ist unerlässlich. Es ist jedoch wichtig zu verstehen, dass wenn Ihr Vierbeiner nicht immer gehorcht, dies nicht zwangsläufig auf schlechtes Benehmen hindeutet. Oftmals versteht der Hund schlichtweg nicht, was Sie von ihm verlangen. Deshalb sollten Hundebesitzer die folgenden häufigen Fehler in der Hundeerziehung unbedingt vermeiden:

1. Ein Befehl sollte genügen

Ihr Hund leidet nicht unter Gehörproblemen. Wenn er das Kommando versteht, reicht ein einziger Aufruf aus. Jeder zusätzliche Aufruf ist überflüssig und schwächt Ihre Glaubwürdigkeit. Wenn Sie ständig „Hier!" rufen, ist es unwahrscheinlich, dass er kommen wird. Durch ständiges Rufen zeigen Sie ihm nur, wo Sie sind und dass Sie auf ihn warten (oder ihm sogar folgen?). Bleiben Sie konsequent und vor allem bestimmt. Ihr Hund wird das bemerken.

2. Körpersprache ist der Schlüssel

Die Körpersprache des Menschen spielt eine zentrale Rolle bei der Erziehung eines Hundes. Ihr Hund interpretiert Ihre Mimik sowie die Betonung Ihrer Worte. Wenn Ihre Haltung und Gestik nicht stimmig sind, haben Sie schon verloren. Ein Hundehalter, der vor Wut zittert und „Komm her" befiehlt, wird wahrscheinlich eine Weile auf seinen Hund warten müssen.

3. Schlamperei in der Hundeerziehung ist ein No-Go

Konsequenz ist das oberste Gebot in der Hundeerziehung. Einmal aufgestellte Regeln müssen eingehalten werden. Sobald Sie nachlässig werden, geben Sie Ihrem Hund freie Hand. Was er einmal gelernt hat, kann er genauso schnell wieder vergessen.

4. Lob erfordert gutes Timing

Die Hundeerziehung basiert vor allem auf Belohnungen. Ein Hund möchte Anerkennung für das, was er getan hat. Diese sollte aber unmittelbar auf das richtige Verhalten des Hundes folgen. Wenn Sie zu lange brauchen, um ein Leckerli aus Ihrer Tasche zu holen, kann die Belohnung negative Auswirkungen haben.

Wenn Sie Ihrem Hund in der Hektik ein Leckerli geben, während er winselt, verknüpft er negatives Verhalten mit einer Belohnung und wird es

wahrscheinlich immer wieder versuchen. Übermäßiges Belohnen kann dazu
führen, dass der Hund nur noch auf Kommando reagiert, wenn eine Belohnung in Aussicht steht.

5. Sozialisierung des Hundes

Ein Mangel an Sozialisierung in jungen Jahren kann später zu Konflikten mit
anderen Hunden führen. Es ist sehr wichtig für die Entwicklung eines Hundes,
dass er bereits als Welpe Kontakt mit anderen Hunden hat, beispielsweise in
einer Hundeschule. Dort können sie lernen, sich durchzusetzen oder unterzu-
ordnen, was für die Lernphase extrem wichtig ist. Auch der ausgiebige Kontakt zwischen Hund und Mensch ist sehr wichtig. Wenn Hunde zu viel alleine
sind und nicht genügend körperlich und geistig gefordert werden, kann das
negative Auswirkungen auf die Gesundheit des Hundes haben.

6. Unzureichende Gewöhnung an das Alleinsein

Es wird unvermeidlich Zeiten geben, in denen Sie Ihren Hund alleine lassen
müssen. Wenn er jedoch nicht bereits als Welpe gelernt hat, alleine zu bleiben, wird er als ausgewachsener Hund jammern, sobald er alleine ist. Beginn-
nen Sie frühzeitig damit, Ihren Hund daran zu gewöhnen und starten Sie mit
kurzen Intervallen von 10 Minuten, die Sie dann schrittweise verlängern.

Zusammenfassend lässt sich sagen, dass eine effektive Hundeerziehung auf
klaren Regeln und konsistentem Handeln basiert. Die meisten Fehler passieren wahrscheinlich ohne Ihr Wissen. Solange Sie jedoch diese Disziplin beibehalten, sollten Sie in der Lage sein, in relativ kurzer Zeit einen gut erzogenen
Hund an Ihrer Seite zu haben.

"Du kannst deinem Hund etwas richtig Dummes sagen, und er wird dir einen Blick zuwerfen, der sagt: „Wow, du hast recht! Darauf wäre ich nie gekommen!"

Dave Barry

Das muss Ihr Hund unbedingt lernen!

Im Umgang mit Hunden wird oft davon gesprochen, wie wichtig es ist, ihnen Grundkommandos beizubringen. Doch warum ist dies eigentlich so essentiell? Dieser Artikel bietet eine Einführung in die Bedeutung und den Nutzen von Grundkommandos für Hunde.

Grundkommandos dienen als elementare Kommunikationsschnittstelle zwischen Mensch und Hund. Durch sie erhält der Hund klare Anweisungen, was von ihm erwartet wird, und der Mensch kann sicherstellen, dass der Hund entsprechend handelt. Das Erlernen dieser Kommandos ist daher von zentraler Bedeutung für eine funktionierende Beziehung zwischen Hund und Halter.

Eines der Hauptargumente für das Erlernen von Grundkommandos ist die Sicherheit. Kommandos wie „Sitz", „Platz" oder „Bleib" können in verschiedenen Situationen äußerst hilfreich sein, um potenzielle Gefahren zu vermeiden.

Sie erlauben es dem Halter, den Hund in sicherer Entfernung zu halten, etwa bei nahendem Straßenverkehr oder in der Nähe von anderen Tieren. Zudem erleichtern sie den Umgang mit dem Hund in öffentlichen Räumen, indem sie das Verhalten des Hundes vorhersehbarer und kontrollierbarer machen.

Ein weiterer wichtiger Aspekt ist die Förderung des sozialen Miteinanders. Grundkommandos können dazu beitragen, dass der Hund besser mit anderen Hunden, Menschen oder Tieren interagiert. Ein Hund, der auf Kommandos hört, wird oft besser akzeptiert und als weniger störend wahrgenommen. Dies kann zu einem harmonischeren Zusammenleben in der Gemeinschaft beitragen.

Auch die geistige Stimulation des Hundes spielt eine wichtige Rolle. Das Erlernen von Kommandos fordert den Hund geistig heraus und trägt zur geistigen Fitness bei. Es gibt dem Hund eine Aufgabe, hält ihn aktiv und kann dazu beitragen, Verhaltensprobleme, die durch Unterforderung entstehen können, zu vermeiden.

Zudem stärkt das Erlernen von Kommandos die Bindung zwischen Mensch und Hund. Durch gemeinsames Training und die dadurch entstehende Kommunikation vertieft sich die Beziehung und das gegenseitige Vertrauen wächst. Dies trägt dazu bei, dass der Hund sich sicherer fühlt und besser auf den Halter reagiert.

Zusammenfassend lässt sich sagen, dass das Erlernen von Grundkommandos für Hunde aus verschiedenen Gründen wichtig ist. Sie tragen zur Sicherheit des Hundes und seiner Umgebung bei, fördern soziale Interaktionen, bieten geistige Stimulation und stärken die Bindung zwischen Hund und Halter. Daher sollte jeder Hundehalter in Erwägung ziehen, seinem vierbeinigen Freund diese grundlegenden Fertigkeiten beizubringen.

Wie das funktionieren kann, erfahren Sie in einem kleinen Crash-Kurs auf den folgenden Seiten.

Sitz!

Sitz: Dies ist oft eines der ersten Kommandos, das Hunde lernen. Es ist relativ einfach zu unterrichten und kann in vielen Situationen nützlich sein.

Das Training des Sitz-Kommandos

Für das Training des Sitz-Kommandos empfiehlt es sich, eine ruhige und ablenkungsfreie Umgebung zu wählen, in der sich Ihr Hund wohl fühlt. Halten Sie ein Leckerli leicht über den Kopf des Hundes und bewegen Sie Ihre Hand langsam nach oben. Ihr Hund wird dem Leckerli mit den Augen folgen und dabei automatisch in eine sitzende Position gehen.

Eine alternative Methode ist die Verwendung eines Klickers. Wenn der Hund das Kommando ausführt, geben Sie einen kurzen Klick ab und belohnen Sie ihn anschließend mit einem Leckerli. Vergessen Sie dabei nicht, ihn auch verbal zu loben. Mit der Zeit können Sie das Leckerli weglassen und der Klicker wird als positive Verstärkung ausreichen.

Während sich der Hund setzt, sagen Sie das Wort „Sitz" deutlich. Sobald er das gewünschte Verhalten zeigt, belohnen und loben Sie ihn. Schrittweise können Sie die Entfernung zwischen Ihnen und Ihrem Hund vergrößern. Wenn er auf Sie zukommt anstatt sich hinzusetzen, beginnen Sie erneut und belohnen Sie ihn erst, wenn er die Übung richtig ausführt. Sie können auch die Dauer erhöhen, in der Ihr Hund sitzen bleiben soll. Beenden Sie das „Sitz" immer mit einem Auflösesignal wie „O.k." und einer entsprechenden Handbewegung. Sobald Ihr Hund das Verhalten verinnerlicht hat, können Sie das Sitz-Kommando auch in Umgebungen mit mehr Ablenkung trainieren, beispielsweise während eines Spaziergangs.

Platz!

Das Training des Platz-Kommandos

Um dem Hund das Kommando „Platz" beizubringen, gibt es verschiedene
Möglichkeiten. Beginnen Sie damit, den Hund in eine Sitzposition zu führen.
Halten Sie dann ein Leckerchen vor seine Nase und senken Sie es langsam mit
Ihrer flachen Hand zum Boden.
Viele Hunde werden sich dabei von selbst hinlegen. Sobald Brust und Hinter-
teil den Boden berühren, geben Sie das Kommando „Platz", loben Sie den
Hund und belohnen Sie ihn in Bodennähe.

Achten Sie darauf, ein Auflösesignal festzulegen, das signalisiert, dass die
Übung beendet ist und der Hund wieder aufstehen darf.
Trainieren Sie nun mit zunehmendem Abstand, sodass der Hund das Signal
(eine flache Hand, die sich in Richtung Boden bewegt) und das Wort „Platz"

mit dem Hinlegen verbindet. Sie können auch die Dauer des Liegens allmählich erhöhen und das Training in einer Umgebung mit mehr Ablenkungen
durchführen, um den Hund herauszufordern.

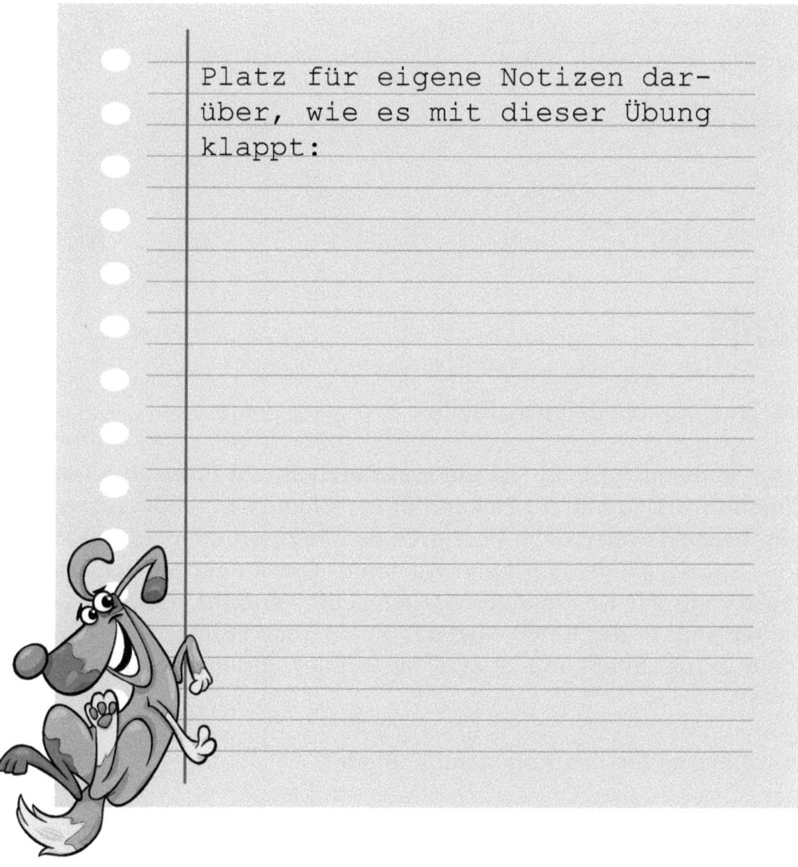

Bleib!

Das Training des Befehls „Bleib!"

Das Kommando „Bleib!" ist äußerst nützlich, um Ihren Hund an einem bestimmten Ort zu halten. Es kann in verschiedenen Alltagssituationen hilfreich sein, beispielsweise beim Passieren von Joggern oder Radfahrern während eines Spaziergangs oder beim Warten in Cafés oder Supermärkten. Auch zu Hause kann das Kommando nützlich sein, wenn Ihr Hund an seinem Platz bleiben soll. In der Regel wird das Kommando „Bleib!" in Verbindung mit den Kommandos „Sitz!" und „Platz!" verwendet, die Ihr Hund bereits beherrschen sollte.

So trainieren Sie das Kommando „Bleib!"

Für die ersten Übungen empfiehlt es sich, eine relativ ablenkungsfreie

Umgebung zu wählen. Beginnen Sie damit, Ihren Hund in die Sitz- oder Platz-Position zu bringen. Gehen Sie dann einige Schritte rückwärts und geben Sie das Signal „Bleib!" zusammen mit einer aufrechten flachen Hand (Stoppzeichen). Wenn Ihr Hund in der Position bleibt, beenden Sie die Übung, indem Sie ihn beispielsweise zu sich rufen (Auflösesignal). Gehen Sie zu ihm zurück und belohnen Sie sein Verhalten, jedoch nur, wenn er bis zum Auflösesignal ausgeharrt hat.

Im nächsten Schritt können Sie die Dauer und Entfernung allmählich erhöhen. Geben Sie das Kommando nur einmal und wiederholen Sie es nicht fortlaufend. Ein Tipp: Viele Hunde finden es einfacher zu warten, wenn sie einen speziellen markierten Platz wie eine Decke, ein Körbchen oder ein Handtuch haben, auf dem sie sich sicher und geborgen fühlen.

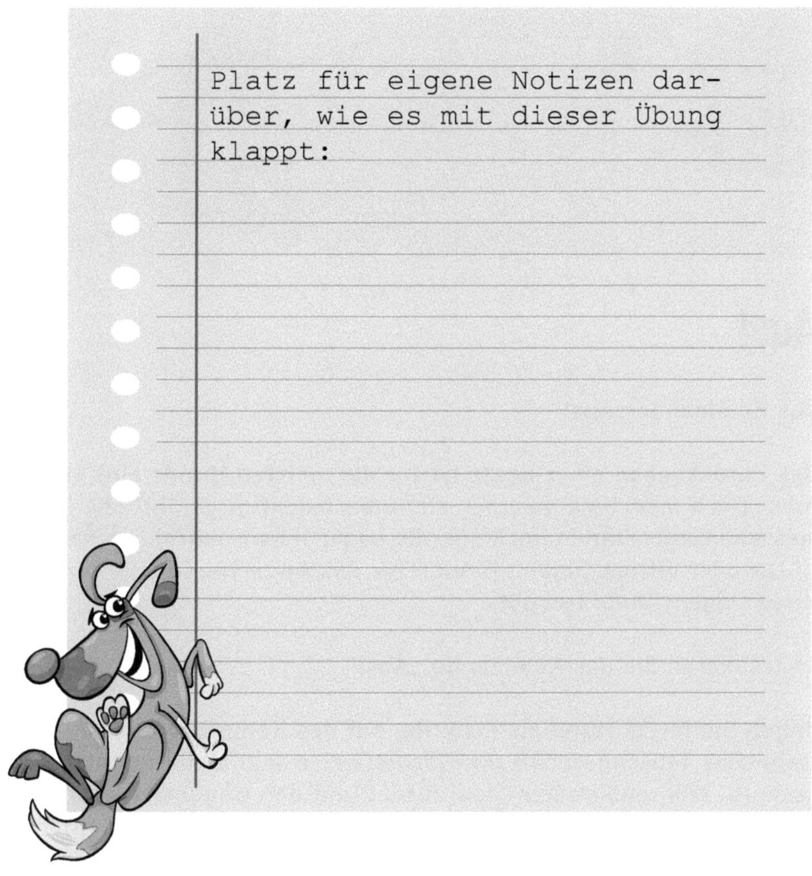

Aus!

Das Kommando „Aus!"

Das Zurückgeben einer Beute ist für die meisten Hunde eine Herausforderung. Doch manchmal nehmen sie unbeabsichtigt gefährliche oder unangemessene Gegenstände ins Maul, die sogar lebensbedrohlich sein können (z. B. spitze oder giftige Objekte). Auch für das Apportieren ist es wichtig, dass der Hund Gegenstände freigibt.

So trainieren Sie das Kommando „Aus!"

Bieten Sie Ihrem Hund als Reaktion auf das Kommando „Aus!" ein unwiderstehliches Tauschgeschäft an - idealerweise sein Lieblingsspielzeug oder ein Leckerli. Während er sein Maul öffnet und den Gegenstand fallen lässt, sagen Sie ruhig und entschlossen „Aus!" und überreichen ihm das interessantere

Tauschobjekt. Später genügt es, ihn einfach zu loben, um das gewünschte Verhalten zu bestärken.

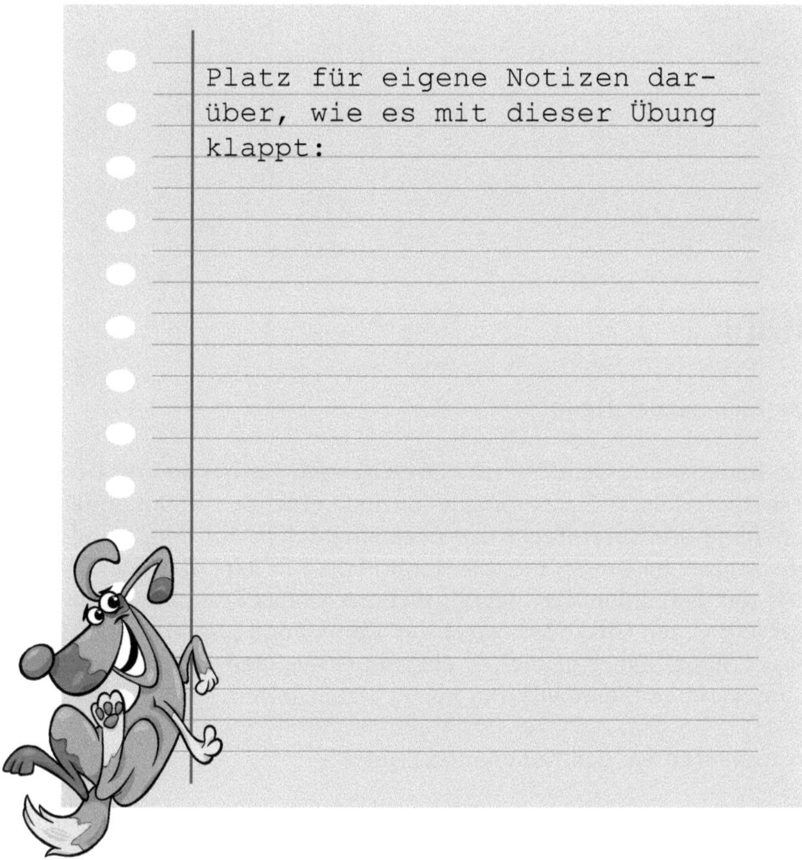

Nein!

Das Kommando „Nein!"

Das Kommando „Nein!" setzt klare Grenzen für bestimmte Gegenstände oder Verhaltensweisen. Es ist eines der entscheidenden Kommandos in der Hunde-erziehung und vereinfacht das Zusammenleben mit dem Hund erheblich. Es gibt zahlreiche Dinge, die der Hund nicht tun darf: das Stehlen von Essen oder das Zerbeißen der Lieblingsschuhe seines Frauchens zum Beispiel. Im Training gegen Giftköder rettet das Kommando „Nein!" sogar Leben. Üben Sie dieses Signal daher gründlich ein und verwenden Sie es nicht zu häufig, um seine wichtige Signalwirkung aufrechtzuerhalten.

So trainieren Sie das Kommando „Nein!"

Halten Sie ein Leckerli in Ihrer offenen Hand. Wenn Ihr Hund versucht, es zu nehmen, sagen Sie klar und entschlossen „Nein!" und schließen Ihre Hand. Öffnen Sie dann erneut Ihre Hand und wiederholen Sie den Vorgang. Erst wenn Ihr Hund nicht mehr ungeduldig Ihre Hand anstupst und stattdessen Blickkontakt zu Ihnen sucht, öffnen Sie Ihre Hand und erlauben ihm mit dem Wort „Freigabe", das Leckerli zu nehmen. Im nächsten Schritt legen Sie das Leckerli auf den Boden und wiederholen die Übung.

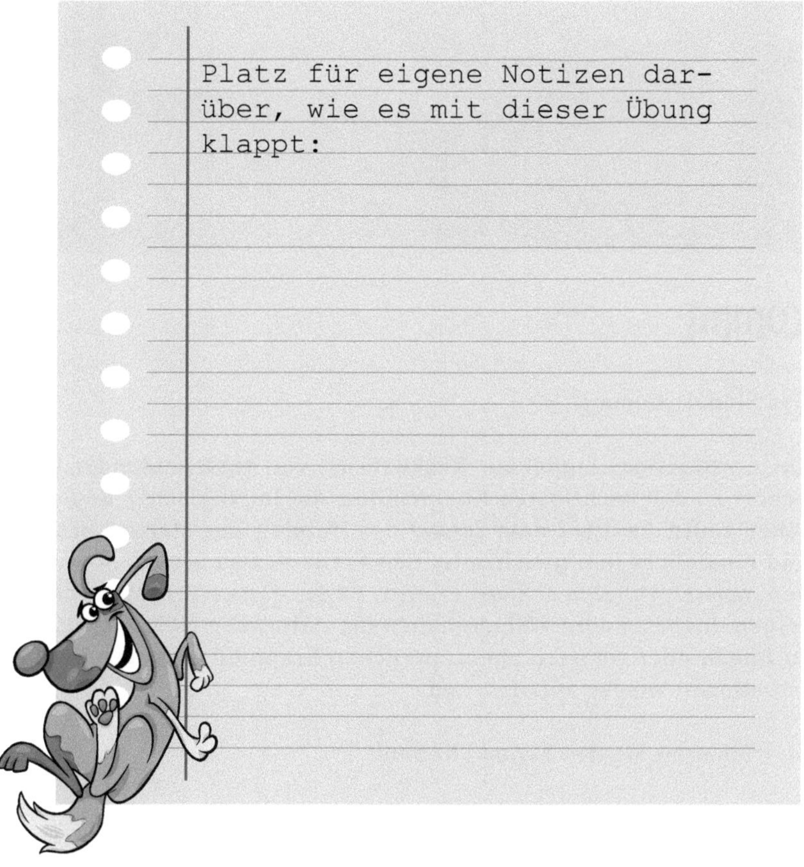

Komm!

Das Signal „Komm!"

Ein zuverlässiges Signal zur Rückkehr ist von entscheidender Bedeutung und gehört zu den wichtigsten Kommandos, die Ihr tierischer Begleiter beherrschen sollte. Es dient dem Schutz des Hundes, des Menschen und der Umwelt und ermöglicht ihm gleichzeitig den Freilauf. Das Signal „Komm!" wird von den meisten Hunden schnell erlernt, da sie dieses Verhalten oft von sich aus zeigen. Insbesondere Welpen haben die natürliche Neigung, ihren Zweibeinern zu folgen oder sie nach abenteuerlichen Erkundungstouren in unbekannten Situationen wieder aufzusuchen.

So trainieren Sie das Signal „Komm!"

Wenn der Hund zu Ihnen kommt, geben Sie das Signal „Komm!" und freuen sich über seine Ankunft. Ein freundliches „Komm!" und eine offene Körperhaltung laden den Hund ein, in jeder Situation gerne zu Ihnen zu kommen. Sobald der Hund bei Ihnen ist, belohnen Sie ihn sofort mit Leckerlis, Streicheleinheiten oder seinem Lieblingsspielzeug. Jede Rückkehr sollte immer positiv verstärkt und so attraktiv wie möglich gestaltet werden, um eine nachhaltige Festigung des Rückrufs zu gewährleisten.

Der Trick besteht darin, sich selbst interessanter zu machen als die Umgebung. Zusätzlich zur verbalen Stimme können Sie auch mit einem Signalgerät wie einer Hundepfeife* arbeiten. Pfeifen Sie und verbinden Sie dies mit dem Signal „Komm!". Ähnlich wie beim Klicker wird der Hund bald die Pfeife mit dem Signal in Verbindung bringen und Sie können auf den verbalen Befehl verzichten.

Fuss!

Mit dem Signal „Fuß!" erreichen Sie, dass Ihr Hund mit und ohne Leine entspannt an Ihrer Seite geht. Dieses Signal ist besonders wichtig, wenn Sie sich entlang einer viel befahrenen Route oder eines Radwegs bewegen. Es kann auch hilfreich sein, Ihren Hund mit dem Signal „Fuß!" abzulenken, wenn unerwünschte Ereignisse drohen, da das Befolgen des Signals Ihrem Hund viel Konzentration abverlangt.

So trainieren Sie das Signal „Fuß!"

Halten Sie ein kleines Leckerchen in Ihrer linken Hand und starten Sie in der Ausgangsposition: Ihr Hund steht mit der Leine an Ihrer linken Seite. Beginnen Sie mit dem Gehen. Im Idealfall folgt Ihr Hund Ihrer Hand mit der Nase und sucht hin und wieder Blickkontakt. Dabei geben Sie das Signal „Fuß!". Wenn Ihr Hund entspannt neben Ihnen geht, geben Sie ihm eines der

Leckerchen als Belohnung. Wenn Ihr Hund jedoch ungeduldig zieht oder bellt, bleiben Sie stehen und setzen Sie den Weg erst fort, wenn er sich beruhigt hat.

Im nächsten Fuß variieren Sie das Tempo. In einem weiteren Fuß können Sie auch ohne Leine üben, jedoch zunächst in einem eingezäunten Bereich oder mit einer langen Leine zur Sicherheit. Da diese Übung von Ihrem Hund – unabhängig von seinem Alter – viel Konzentration erfordert, empfiehlt es sich, nur in kurzen Trainingsphasen mit ihm zu üben.

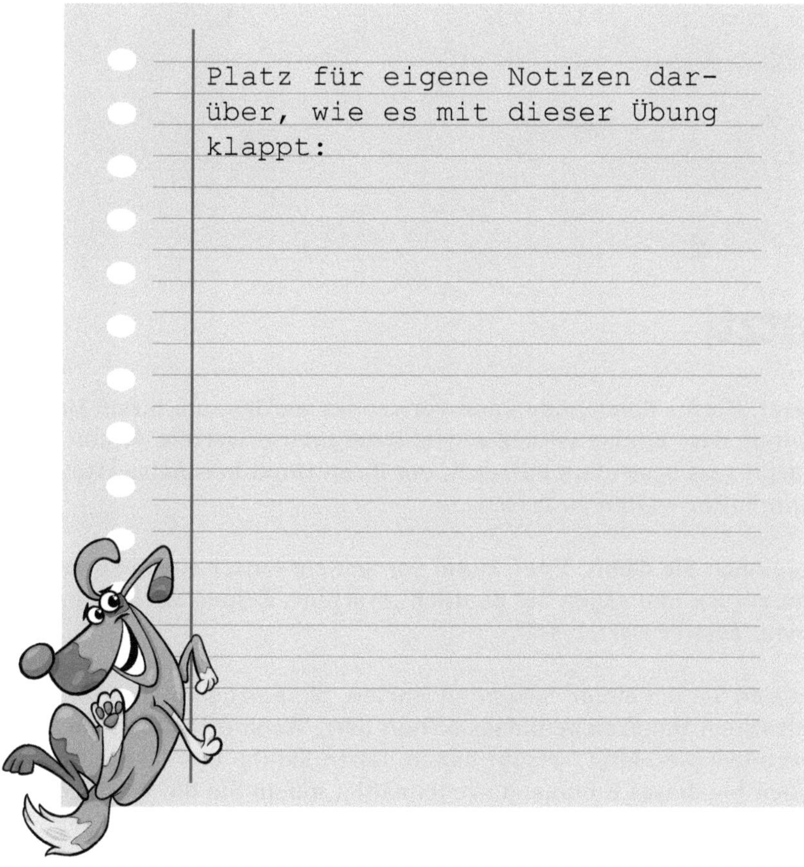

Jetzt!

Jetzt: Dieses Kommando kann verwendet werden, um Ihrem Hund zu signalisieren, dass er eine vorher angehaltene oder erwartete Aktion nun ausführen darf. Es ist besonders hilfreich, um Ihren Hund beispielsweise geduldig auf sein Futter warten zu lassen.

Beginnen Sie damit, Ihren Hund vor seinem Futter sitzen zu lassen. Halten Sie ihn zurück und sagen Sie deutlich „Warten". Zeigen Sie mit Ihrem Handzeichen, dass er warten soll.

Lassen Sie ihn einige Sekunden warten, dann sagen Sie „Jetzt" und zeigen Sie mit Ihrem Handzeichen, dass er nun darf. Wenn Ihr Hund zum Futter geht, nachdem Sie „Jetzt" gesagt haben, loben Sie ihn und lassen Sie ihn fressen. Üben Sie dieses Kommando regelmäßig, indem Sie die Wartezeit schrittweise verlängern. Es ist wichtig, dass Ihr Hund lernt, geduldig zu sein und auf Ihr

Signal zu warten, bevor er eine Aktion ausführt.

Sie können dieses Kommando auch in anderen Situationen verwenden, zum Beispiel wenn Sie möchten, dass Ihr Hund vor der Tür wartet, bevor er nach draußen darf, oder wenn Sie ein Spielzeug werfen und möchten, dass er wartet, bis er es holen darf.

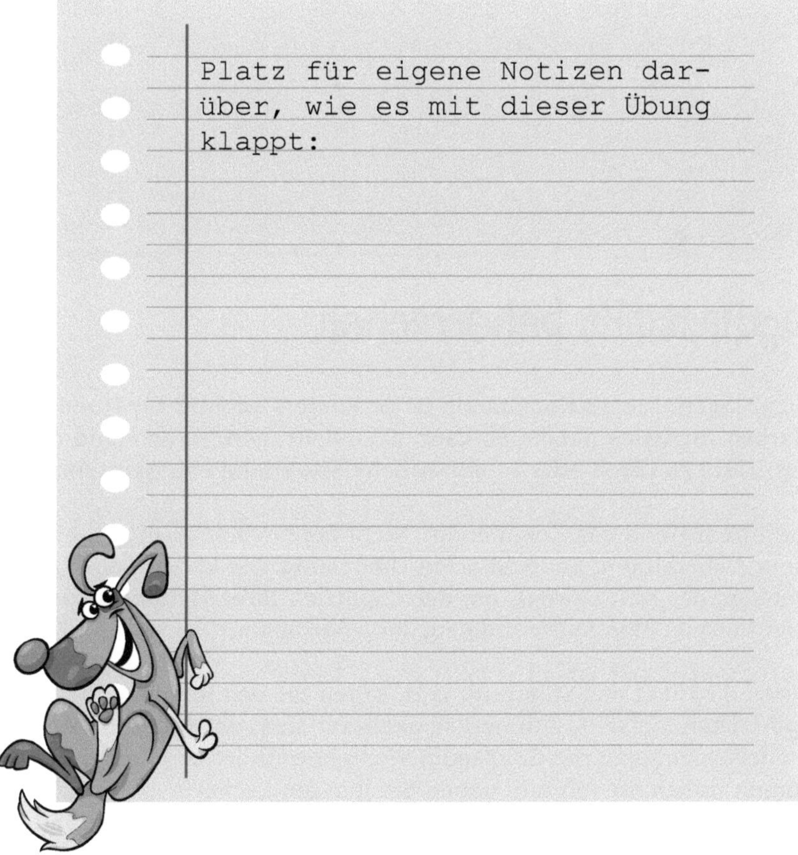

Jagdinstinkt beherrschen.

Nicht jagen: Dieses Kommando ist besonders wichtig für Hunde, die einen starken Jagdtrieb haben. Es kann dazu beitragen, Ihren Hund davon abzuhalten, Tiere zu jagen oder in gefährliche Situationen zu geraten.

Um Ihrem Hund das Kommando „Nicht jagen" beizubringen, beginnen Sie in einer sicheren und kontrollierten Umgebung. Sie können ein Spielzeug verwenden, das sich bewegt, um den Jagdtrieb Ihres Hundes anzusprechen, wie zum Beispiel eine Spielzeugmaus an einer Schnur.

Wenn Ihr Hund das Spielzeug jagt, sagen Sie das Kommando „Nicht jagen" und lenken Sie seine Aufmerksamkeit auf sich, entweder mit einem Leckerli oder einem anderen Spielzeug. Wenn er aufhört zu jagen und zu Ihnen kommt, loben Sie ihn und geben Sie ihm ein Leckerli.
Üben Sie dieses Kommando regelmäßig und in verschiedenen Situationen. Mit

der Zeit sollten Sie das Training in eine Umgebung mit mehr Ablenkungen verlagern, wie zum Beispiel einen Park mit Eichhörnchen oder Vögeln. Seien Sie geduldig und konsequent. Es kann einige Zeit dauern, bis Ihr Hund dieses Kommando vollständig versteht, besonders wenn er einen starken Jagdtrieb hat.

Das waren alle Grundkommandos, die wir besprechen wollten. Jedes dieser Kommandos kann dazu beitragen, die Sicherheit und das Wohlbefinden Ihres Hundes zu verbessern, sowie Ihre Beziehung zu stärken. Denken Sie daran, dass Training Geduld und Konsequenz erfordert, und dass es wichtig ist, Ihren Hund immer mit Liebe und Respekt zu behandeln. Viel Spaß beim Training!

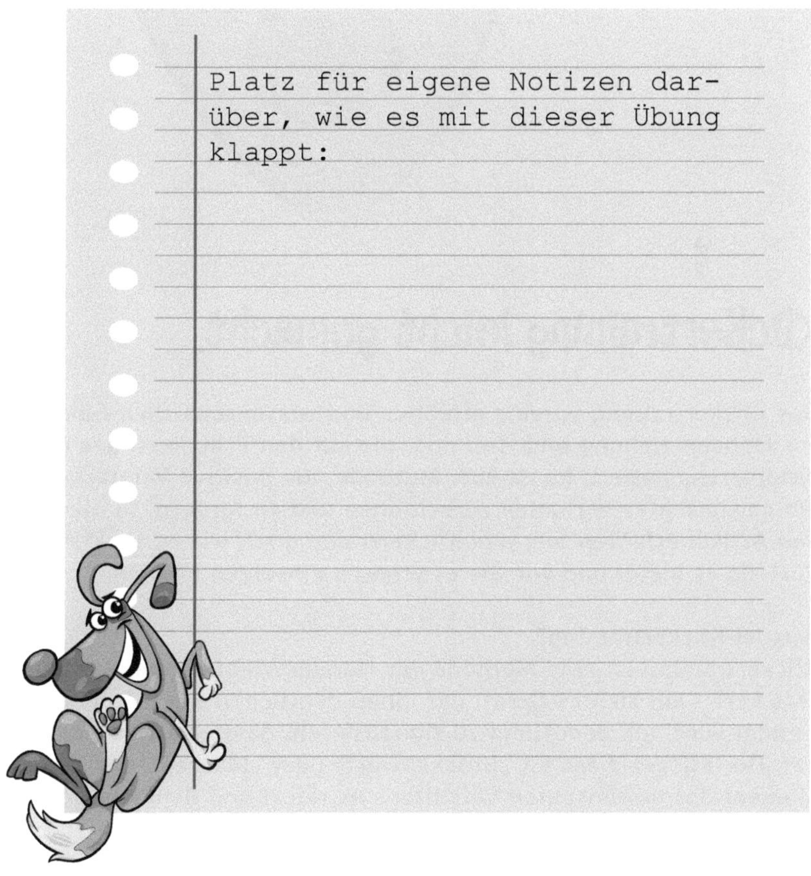

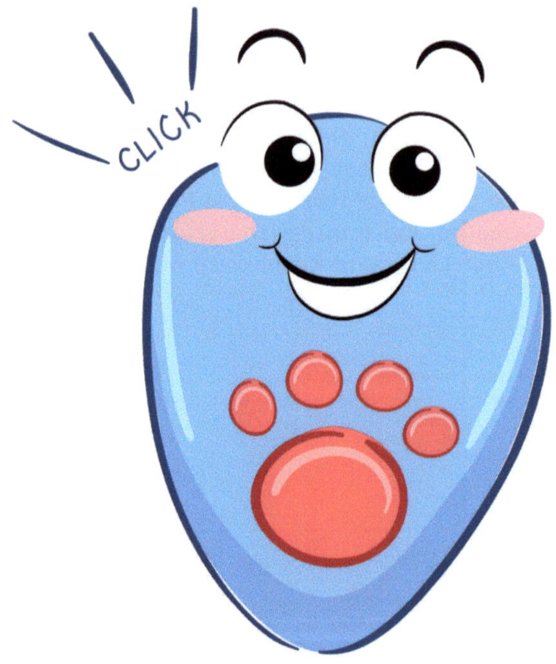

Klickertraining leicht gemacht.

Das Klickertraining ist eine effektive und wissenschaftlich fundierte Methode zur Hundeerziehung und -training, die auf den Prinzipien des operanten Konditionierens basiert. Es ist eine Methode, die positive Verstärkung verwendet, um gewünschtes Verhalten zu belohnen und zu fördern. In diesem umfassenden Artikel erfahren Sie, was Klickertraining ist, wie es funktioniert, welche Vorteile es bietet und wie Sie es effektiv einsetzen können.

Was ist Klickertraining?
Klickertraining ist eine Methode der Hundeerziehung, bei der ein spezieller „Klicker" - ein kleines Gerät, das einen deutlichen Klick-Ton erzeugt - verwendet wird, um dem Hund zu signalisieren, dass er etwas richtig gemacht hat. Der Klicker dient als „Brückenwort" oder „Marker", der den exakten Moment des gewünschten Verhaltens markiert und dem Hund sagt: „Genau das hast du richtig gemacht!"

Im Grunde ist der Klicker ein Kommunikationswerkzeug. Er liefert eine klare und konsistente Botschaft, die Hunde leicht verstehen können. Der Klick-Ton ist immer gleich und wird vom Hund nicht mit anderen Geräuschen oder menschlichen Stimmen verwechselt.

Wie funktioniert das Klickertraining?
Das Prinzip des Klickertrainings basiert auf dem operanten Konditionieren, einer Lerntheorie, die besagt, dass das Verhalten durch seine Konsequenzen geformt wird. Wenn ein Verhalten zu einer positiven Konsequenz führt (z.B. einer Belohnung), wird es wahrscheinlich wiederholt.

Im Klickertraining wird der Klicker verwendet, um den genauen Moment des gewünschten Verhaltens zu markieren. Sobald der Hund das gewünschte Verhalten zeigt, wird der Klicker betätigt und der Hund wird sofort belohnt. Auf diese Weise lernt der Hund, dass der Klick-Ton eine Belohnung ankündigt und dass das markierte Verhalten zu einer Belohnung führt.

Ein typisches Trainingsszenario könnte folgendermaßen aussehen: Nehmen wir an, Sie möchten Ihrem Hund beibringen, „Sitz" zu machen. Sie warten, bis Ihr Hund sich von selbst hinsetzt. In dem Moment, in dem sein Hinterteil den Boden berührt, klicken Sie und geben ihm sofort eine Belohnung. Ihr Hund wird schnell lernen, dass das Sitzen zum Klick und zur Belohnung führt.

Vorteile des Klickertrainings
Klickertraining bietet eine Reihe von Vorteilen gegenüber anderen Trainings-methoden:

Klare Kommunikation: Der Klicker liefert eine klare und eindeutige Botschaft. Es gibt keine Verwirrung oder Fehlinterpretationen, wie es manchmal bei verbalen Befehlen der Fall sein kann.

Schnelles Lernen: Da der Klicker den genauen Moment des gewünschten Verhaltens markiert, kann der Hund schnell lernen, welches Verhalten belohnt wird.

Positive Verstärkung: Klickertraining basiert auf positiver Verstärkung, was bedeutet, dass gewünschtes Verhalten belohnt und gefördert wird, anstatt unerwünschtes Verhalten zu bestrafen. Dies fördert ein positives Lernumfeld und stärkt die Beziehung zwischen Ihnen und Ihrem Hund.

Flexibilität: Klickertraining kann für eine Vielzahl von Verhaltensweisen und Kommandos verwendet werden, von einfachen Kommandos wie „Sitz" und „Platz" bis hin zu komplexeren Tricks und Fertigkeiten.

Baut Vertrauen und Bindung auf: Da das Klickertraining auf Belohnung und nicht auf Bestrafung basiert, wird es von den Hunden oft positiv aufgenommen, was das Vertrauen und die Bindung zwischen Ihnen und Ihrem Hund stärkt.

Klickertraining erfolgreich einsetzen: Tipps und Tricks
1. Den Klicker „aufladen": Bevor Sie mit dem Klickertraining beginnen, sollten Sie den Klicker „aufladen" oder „konditionieren". Dies bedeutet, dass Sie Ihren Hund darauf konditionieren, dass der Klicker-Ton eine Belohnung ankündigt. Um dies zu tun, klicken Sie einfach und geben Sie Ihrem Hund sofort eine Belohnung. Wiederholen Sie diesen Vorgang mehrmals, bis Ihr Hund die

Verbindung zwischen dem Klicker-Ton und der Belohnung verstanden hat.

2. Timing ist alles: Bei der Verwendung des Klickers ist das richtige Timing entscheidend. Der Klick sollte genau im Moment des gewünschten Verhaltens erfolgen. Wenn das Timing nicht stimmt, könnte Ihr Hund das falsche Verhalten mit der Belohnung assoziieren.

3. Sofortige Belohnung: Nach dem Klick sollte die Belohnung sofort erfolgen. Je schneller die Belohnung erfolgt, desto besser wird Ihr Hund die Verbindung zwischen seinem Verhalten und der Belohnung verstehen.

4. Verwendung von qualitativ hochwertigen Belohnungen: Verwenden Sie Belohnungen, die Ihr Hund wirklich mag, wie z.B. kleine Stücke von seinem Lieblingssnack oder Spielzeug. Je attraktiver die Belohnung, desto motivierter wird Ihr Hund sein, das gewünschte Verhalten zu zeigen.

5. Kurze Trainingseinheiten: Hunde lernen am besten in kurzen, aber regelmäßigen Trainingseinheiten. Zehn bis fünfzehn Minuten pro Trainingseinheit sind in der Regel ausreichend. Mehrere kurze Trainingseinheiten pro Tag sind oft effektiver als eine lange Trainingseinheit.

Zusammenfassend ist das Klickertraining eine effektive und positive Methode zur Hundeerziehung. Mit ein wenig Übung und Geduld kann es Ihnen und Ihrem Hund helfen, besser zu kommunizieren und das Training zu einer angenehmen und lohnenden Erfahrung zu machen.

Von den Profis lernen.

Haben Sie bereits vom BHV Hundeführerschein gehört? Es handelt sich dabei um eine Art Führerschein, allerdings nicht für das Auto, sondern für Sie und Ihren vierbeinigen Begleiter. Interessant, nicht wahr? Viele Hundeschulen und Trainer bieten diesen Kurs an, um Sie und Ihren pelzigen Freund auf ein sicheres und harmonisches Zusammenleben im Alltag vorzubereiten. Diese Initiative wird vom Berufsverband der Hundeerzieher/innen und Verhaltensberater/innen e.V. (kurz BHV) ins Leben gerufen und überwacht. In diesem Artikel erfahren Sie alles Wissenswerte darüber - von den Prüfungsinhalten über die Vorbereitung bis hin zur Bedeutung für Sie als Hundehalter.

Das Ziel dieser Unternehmung besteht darin, Sie und Ihren Hund für das Leben in der Gesellschaft zu qualifizieren. Das bedeutet, Sie erfahren alles Wissenswerte über Hundeerziehung, Kommunikation, Verhalten und sogar rechtliche Aspekte, während Ihr Hund lernt, sich in verschiedenen Situationen angemessen und sicher zu verhalten.

Die Prüfung selbst setzt sich aus Theorie und Praxis zusammen. In der Theorie füllen Sie einen Multiple-Choice-Fragebogen aus, in dem Themen wie Hundeerziehung, Kommunikation, Lernverhalten, Körpersprache, Hundehaltung, Pflege, rechtliche Aspekte und sogar Erste Hilfe für Hunde behandelt werden.

In der Praxis muss Ihr Hund dann sein Können unter Beweis stellen: Grundgehorsam (Sitz, Platz, Bleib, Herankommen auf Zuruf, Leinenführigkeit), Begegnungen mit anderen Hunden und Menschen, Verhalten in Alltagssituationen (z.B. Straßenverkehr, öffentliche Verkehrsmittel, Menschenmengen) und das Bewältigen von Umweltreizen (Geräusche, ungewohnte Objekte, Bodenbeläge). Und natürlich muss er auch beweisen, dass er ohne Sie entspannt bleiben kann.

Um sich auf den BHV Hundeführerschein vorzubereiten, können Sie an speziellen Vorbereitungskursen teilnehmen. Viele Hundeschulen und Trainer bieten diese an und sie decken sowohl die theoretischen als auch die praktischen Aspekte ab. Also, warum zögern Sie noch? Bereiten Sie sich und Ihren vierbeinigen Freund auf den Alltag vor!

Warum sollten Sie sich also die Mühe machen, den BHV Hundeführerschein zu absolvieren, wenn dieser doch freiwillig ist? Ganz einfach, weil er Ihnen und Ihrem Hund eine Vielzahl von Vorteilen bietet.

Erstens, Sicherheit und Verantwortungsbewusstsein: Indem Sie die Prüfung bestehen, zeigen Sie, dass Sie Ihren Hund unter Kontrolle haben und potenzielle Konflikte im Alltag geschickt vermeiden können.

Zweitens, bessere Kommunikation und Bindung: Die Vorbereitung auf den BHV Hundeführerschein hilft Ihnen, Ihre Kommunikation mit Ihrem Hund zu verbessern und ihn besser zu verstehen. Dies führt zu einer stärkeren Bindung und einem harmonischeren Zusammenleben.

Drittens, Anerkennung durch Dritte: Obwohl der BHV Hundeführerschein in Deutschland keine gesetzliche Pflicht ist, kann er bei Versicherungen, Vermietern oder Behörden als Nachweis für verantwortungsvolle Hundehaltung anerkannt werden. Das kann beispielsweise bei der Wohnungssuche oder beim Abschluss einer Haftpflichtversicherung von Vorteil sein.

Viertens, Sie fördern das positive Image von Hunden: Indem Sie den BHV Hundeführerschein absolvieren und verantwortungsvoll mit Ihrem Hund umgehen, tragen Sie dazu bei, das Bild von Hunden und Hundehaltern in der Gesellschaft zu verbessern und Vorurteile abzubauen.

Zusammenfassend lässt sich sagen, dass der BHV Hundeführerschein eine wirklich lohnenswerte Sache ist. Er trägt dazu bei, das Zusammenleben von Mensch und Hund sicherer und harmonischer zu gestalten. Durch die Teilnahme an Vorbereitungskursen und das Bestehen der Prüfung demonstrieren Sie, dass Sie verantwortungsbewusst mit Ihrem Hund umgehen und erweitern Ihre Kenntnisse und Fähigkeiten im Umgang mit Ihrem Vierbeiner. Also, nehmen Sie die Leine und machen Sie sich auf den Weg zur nächsten Hundeschule!

Adressen und weitere Informationen finden Sie im Service-Teil weiter hinten in diesem Buch.

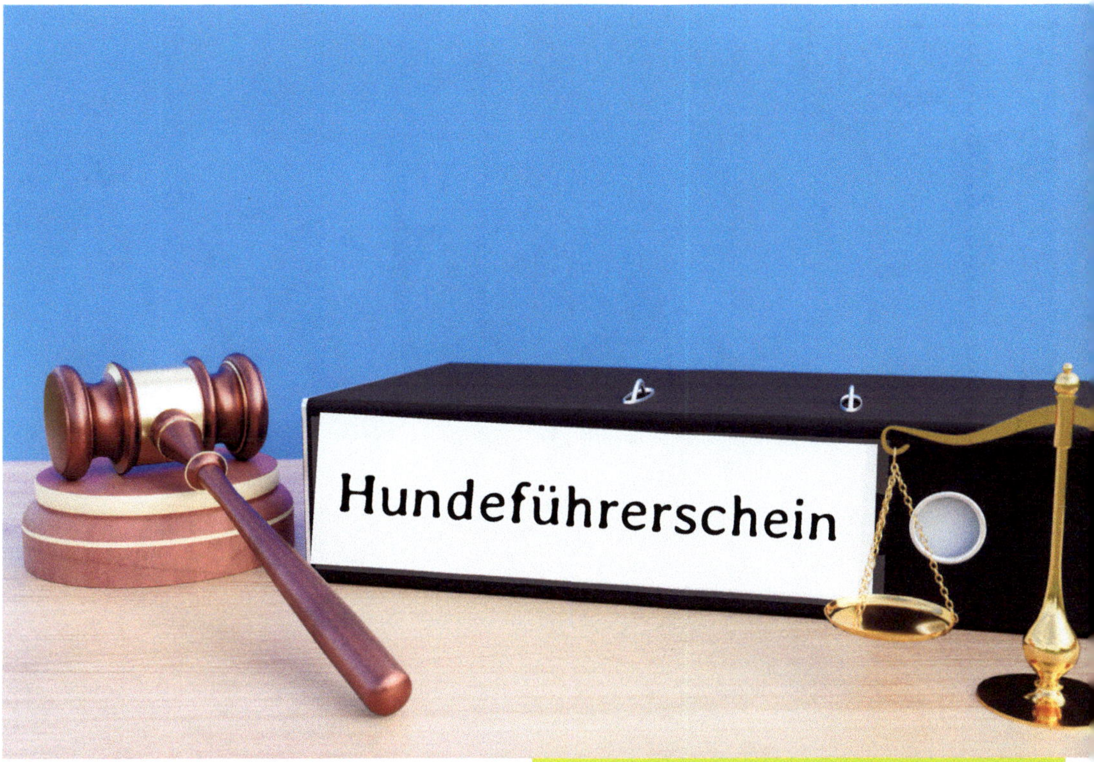

„Hunde sind die besten Freunde des Menschen, weil sie die Fehler des Menschen übersehen." - Aldous Huxley

freunde für ein ganzes Leben.

Es lässt sich nicht leugnen, dass eine Freundschaft zwischen einem Kind und einem Hund, die im gemeinsamen Aufwachsen entsteht, eine Bereicherung für beide Seiten darstellen kann. Hunde sind bekanntermaßen die besten Freunde des Menschen und Kinder können von der Beziehung zu diesen pelzigen Begleitern viel profitieren.

So lernen Kinder beispielsweise soziale Kompetenzen durch den Umgang mit einem Hund. Empathie, Verantwortungsbewusstsein und Kommunikation werden gefördert, indem das Kind auf die Bedürfnisse des Hundes eingeht und sich um sein Wohlbefinden kümmert.

Auch in emotionaler Hinsicht kann ein Hund wertvolle Unterstützung leisten. Als steter Begleiter und Seelentröster steht er immer zur Seite, wenn es dem Kind einmal nicht so gut geht. Gerade in schwierigen Lebenssituationen ist der Trost und die Sicherheit, die ein Hund bieten kann, von unschätzbarem Wert.

Darüber hinaus fördert ein Hund die körperliche Aktivität des Kindes. Hunde müssen regelmäßig ausgeführt werden, sie wollen spielen und toben. Dies bietet Kindern eine hervorragende Gelegenheit, sich auszutoben und ihre motorischen Fähigkeiten zu verbessern. Gemeinsame Aktivitäten stärken zudem das Gemeinschaftsgefühl.

Ein weiterer positiver Aspekt ist die Förderung von Selbstbewusstsein und Unabhängigkeit bei Kindern. Durch die Übernahme von Verantwortung für den Hund stärken sie ihr Selbstwertgefühl und sehen sich selbst in der Rolle des Beschützers.

Schließlich kann ein Hund die soziale Interaktion des Kindes fördern. Als Eisbrecher hilft er dabei, Kontakte zu knüpfen. Hunde ziehen oft die Aufmerksamkeit auf sich und sorgen so für Gesprächsstoff und gemeinsame Aktivitäten.

Bevor Sie jedoch sofort losgehen und einen Hund für Ihre Familie holen, sollten Sie einige Dinge beachten:

Zum einen die Auswahl der Hunderasse. Einige Rassen sind besser für Familien mit Kindern geeignet, weil sie geduldiger und robuster im Umgang mit Kindern sind. Beispielsweise sind belgische Schäferhunde und Retriever bekannt dafür, sehr kinderfreundlich zu sein.

Die Sicherheit von Kind und Hund sollte ebenfalls Priorität haben. Kinder sollten lernen, wie sie sich sicher und respektvoll gegenüber Hunden verhalten. Als Elternteil sollten Sie stets ein Auge auf das Zusammenspiel haben, um eventuelle Gefahren abzuwenden.

Schließlich sollten Sie das Wohlbefinden des Hundes im Auge behalten. Auch das Kind sollte die Grenzen des Hundes respektieren und seine Bedürfnisse verstehen. Beispielsweise sollte klar sein, dass der Hund beim Fressen oder Schlafen seine Ruhe braucht.

Um die Freundschaft zwischen Kind und Hund zu fördern, gibt es einige Maßnahmen, die Sie ergreifen können:

Zum einen das Training und die Erziehung. Ein gut erzogener Hund ist einfacher zu handhaben und sicherer für das Kind. Gemeinsames Training, eventuell in einer Hundeschule oder in Welpenkursen, kann dazu beitragen, das Verständnis und die Kommunikation zwischen Kind und Hund zu verbessern.

Zum anderen sind gemeinsame Aktivitäten von großer Bedeutung. Planen Sie regelmäßig Unternehmungen, an denen sowohl das Kind als auch der Hund teilnehmen können. Dies kann ein Spaziergang, ein Ausflug zum Hundestrand oder sogar die Teilnahme an Hundesportarten wie Agility oder Flyball sein. Diese Aktivitäten fördern nicht nur die Gesundheit von Kind und Hund, sondern stärken auch das Zusammengehörigkeitsgefühl und die sozialen Fähigkeiten beider.

Eine weitere Möglichkeit besteht darin, das Kind in die Pflege des Hundes einzubeziehen. Dazu gehören Aktivitäten wie das Füttern, die Reinigung des Schlafplatzes und das Bürsten des Fells. Auf diese Weise lernt das Kind, Verantwortung zu übernehmen, was die Bindung zwischen Kind und Hund vertiefen kann.

Ein weiterer wichtiger Aspekt sind die Regeln und Grenzen. Es ist essentiell, dass sowohl das Kind als auch der Hund die Regeln und Grenzen in ihrer Beziehung kennen und respektieren. Kinder müssen lernen, die Körpersprache und die Bedürfnisse des Hundes zu erkennen und zu respektieren. Gleichzeitig sollte der Hund lernen, auf die Kommandos des Kindes zu hören und bestimmte Grenzen zu respektieren.

Letztlich erfordert eine gute Beziehung zwischen Kind und Hund Geduld und Verständnis von beiden Seiten. Kinder sollten lernen, dass Hunde eigene Persönlichkeiten und Bedürfnisse haben, die respektiert werden müssen. Gleichzeitig sollten Eltern darauf achten, dass das Kind genügend Zeit und Raum hat, um eine harmonische Beziehung mit dem Hund aufzubauen.

Durch die gemeinsame Arbeit an der Beziehung zwischen Kind und Hund können Eltern und Kinder eine tiefe Freundschaft fördern, die für beide Seiten sehr wertvoll ist. Diese Freundschaft bietet viele Vorteile für die soziale, emotionale und körperliche Entwicklung des Kindes und sorgt dafür, dass sich der Hund als geliebtes und geschätztes Mitglied der Familie fühlt.

Die Grundlage für einfach alles.

Die Grundlagen der Hundernährung: Die Bedeutung einer ausgewogenen Ernährung für Hunde

Eine ausgewogene und nährstoffreiche Ernährung ist für jeden Hund von entscheidender Bedeutung. Sie ist das Fundament, auf dem Gesundheit, Lebensqualität und Langlebigkeit aufbauen.

Eine unzureichende oder unausgewogene Ernährung kann zu verschiedenen Gesundheitsproblemen wie Haut- und Fellproblemen, schlechter Knochengesundheit, Immunsystemschwäche und vielen anderen Zuständen führen. Daher ist es unerlässlich, dass Hundebesitzer die Grundlagen der Hundernährung verstehen.

Proteine

Proteine sind die Bausteine des Körpers und haben eine zentrale Bedeutung in der Ernährung eines Hundes. Sie liefern essentielle Aminosäuren, die für Wachstum, Muskelaufbau, Reparatur von Körperzellen und die Produktion von Hormonen und Enzymen notwendig sind.

Hochwertige tierische Proteine wie Geflügel, Rind, Fisch und Ei sind besonders wichtig, da sie alle essentiellen Aminosäuren enthalten, die Hunde für eine optimale Gesundheit benötigen.

Kohlenhydrate

Kohlenhydrate liefern Energie und sind besonders für sehr aktive Hunde wichtig. Sie enthalten Ballaststoffe, die die Verdauungsgesundheit unterstützen. Es ist jedoch wichtig darauf zu achten, dass die Kohlenhydrate aus guten Quellen wie Vollkornprodukten, Obst und Gemüse stammen. Diese enthalten auch Vitamine, Mineralstoffe und Antioxidantien.

Fette

Fette sind die konzentrierteste Energiequelle in der Ernährung eines Hundes. Sie liefern essentielle Fettsäuren, die für die Gehirnfunktion, die Aufrechterhaltung der Haut- und Fellgesundheit und die Unterstützung des Immunsystems wichtig sind. Omega-3- und Omega-6-Fettsäuren sind besonders nützlich für Hunde.

Vitamine und Mineralstoffe

Vitamine und Mineralstoffe spielen eine entscheidende Rolle in zahlreichen Körperprozessen. Sie sind an Funktionen wie der Knochengesundheit (Kalzium, Phosphor, Vitamin D), der Blutbildung (Eisen, Vitamin B12), der Haut- und Fellgesundheit (Zink, Vitamin A), der Augengesundheit (Vitamin A) und vielen anderen beteiligt.

Hundebesitzer sollten beachten, dass zu viele Vitamine und Mineralien ebenso schädlich sein können wie zu wenige. Deshalb ist es wichtig, ein ausgewogenes Hundefutter zu wählen, das speziell darauf ausgelegt ist, den Nährstoffbedarf des Hundes zu decken, ohne dass eine Über- oder Unterversorgung entsteht.

Wasser

Wie ich bereits erwähnt habe, ist Wasser ein unverzichtbarer Bestandteil der Hundeernährung. Es ist an fast allen Körperfunktionen beteiligt, einschließlich Verdauung, Nährstofftransport, Regulierung der Körpertemperatur und mehr. Ein Hund kann Tage oder sogar Wochen ohne Nahrung überleben, aber nur wenige Tage ohne Wasser. Daher sollte immer darauf geachtet werden, dass Ihr Hund jederzeit Zugang zu frischem, sauberem Wasser hat.

Zusammenfassung

Eine ausgewogene Ernährung, die alle notwendigen Nährstoffe enthält, ist unerlässlich für die Gesundheit und das Wohlbefinden Ihres Hundes. Proteine, Kohlenhydrate, Fette, Vitamine, Mineralstoffe und Wasser sind alle wichtige Bestandteile, die in der richtigen Menge und im richtigen Verhältnis vorhanden sein müssen.

Es ist auch wichtig zu beachten, dass die spezifischen Ernährungsbedürfnisse eines Hundes von verschiedenen Faktoren wie Alter, Rasse, Gewicht, Aktivitätsniveau und Gesundheitszustand abhängen können. Daher kann es ratsam sein, mit einem Tierarzt oder einem Hundeernährungsberater zusammenzuarbeiten, um die am besten geeignete Ernährung für Ihren speziellen Hund zu ermitteln.

Zu guter Letzt sollte die Ernährung Ihres Hundes auch schmackhaft sein! Eine ausgewogene und nährstoffreiche Ernährung ist nutzlos, wenn Ihr Hund sie nicht frisst. Die beste Ernährungsstrategie berücksichtigt sowohl die gesundheitlichen Bedürfnisse als auch die Vorlieben Ihres Hundes.

Die Rolle der Ernährung in verschiedenen Lebensphasen: Anpassung an Alter, Größe und Gesundheitszustand

Die Ernährungsbedürfnisse eines Hundes können sich im Laufe seines Lebens dramatisch ändern. Von den ersten Tagen als Welpe bis ins hohe Alter sind spezielle Ernährungen und Fütterungspläne notwendig, um die Gesundheit und das Wohlbefinden zu fördern und zu erhalten. Dabei spielen sowohl das Alter als auch die Größe und der Gesundheitszustand eine entscheidende Rolle.

Welpenernährung

Die Ernährung von Welpen ist von größter Bedeutung, da sie sich in einer intensiven Wachstumsphase befinden. Welpen benötigen eine nährstoffreiche Ernährung mit einem höheren Anteil an Proteinen und Kalorien als erwachsene Hunde, um ihr schnelles Wachstum und die Entwicklung zu unterstützen.

Die Menge des Futters und die Anzahl der Fütterungen pro Tag sollten ebenfalls an das Wachstum und die Energiebedürfnisse des Welpen angepasst werden. Welpen sollten in der Regel drei bis vier Mal pro Tag gefüttert werden.

Ernährung für ausgewachsene Hunde

Sobald ein Hund ausgewachsen ist, ändern sich seine Ernährungsbedürfnisse erneut. Der Bedarf an Kalorien und Proteinen kann sinken, da das schnelle Wachstum nachlässt. Erwachsene Hunde benötigen eine ausgewogene Ernährung, die alle notwendigen Nährstoffe enthält, jedoch nicht überschüssig ist, um Übergewicht und damit verbundene Gesundheitsprobleme zu vermeiden.

Die Menge und die Häufigkeit der Fütterungen können ebenfalls angepasst werden. Die meisten erwachsenen Hunde kommen gut mit zwei Mahlzeiten pro Tag aus.

Ernährung für ältere Hunde

Im Alter ändern sich die Ernährungsbedürfnisse eines Hundes erneut. Ältere Hunde neigen dazu, weniger aktiv zu sein und benötigen daher weniger Kalorien. Gleichzeitig können gesundheitliche Probleme auftreten, die eine Anpassung der Ernährung erfordern.

Viele ältere Hunde profitieren von Ernährungen, die reich an hochwertigen Proteinen und niedrig an Fett und Kalorien sind. Zusätzlich kann es hilfreich sein, spezielle Nährstoffe zu ergänzen, die die Gelenkgesundheit unterstützen oder spezifische gesundheitliche Probleme adressieren.

Anpassung an Größe und Gesundheitszustand

Hunde mit gesundheitlichen Problemen wie Allergien, Herzerkrankungen oder Diabetes benötigen möglicherweise spezielle Ernährungen oder Nahrungsergänzungsmittel. Zum Beispiel kann ein Hund mit Herzproblemen von einer Ernährung profitieren, die niedrig in Natrium und hoch in Omega-3-Fettsäuren ist. Ein diabetischer Hund benötigt eine Ernährung, die hilft, den Blutzuckerspiegel stabil zu halten.

Es ist wichtig zu beachten, dass jede Änderung in der Ernährung eines

Hundes, insbesondere wenn es um spezifische Gesundheitsprobleme geht, immer unter Aufsicht eines Tierarztes durchgeführt werden sollte.

Futterauswahl für Hunde: Trockenfutter, Nassfutter, Rohfutter und Hausgemachtes Futter

Die Auswahl des richtigen Futters für Ihren Hund kann eine Herausforderung sein, da es viele verschiedene Optionen und Überlegungen gibt. Die häufigsten Optionen sind Trockenfutter, Nassfutter, Rohfutter (auch bekannt als BARF - Biologisch Artgerechtes Rohes Futter) und hausgemachtes Futter. Jede dieser Optionen hat ihre eigenen Vor- und Nachteile und kann besser oder schlechter für Ihren Hund geeignet sein, abhängig von verschiedenen Faktoren wie Größe, Rasse, Aktivitätsniveau und gesundheitlichen Bedenken.

Trockenfutter

Trockenfutter ist eine der beliebtesten Optionen für Hundefutter. Es hat mehrere Vorteile, darunter lange Haltbarkeit, einfache Lagerung und Handhabung, und es ist oft kostengünstiger als andere Futteroptionen. Es kann auch zur Verbesserung der Zahnhygiene beitragen, da das Kauen von trockenem Futter helfen kann, Plaque zu entfernen.

Ein Nachteil des Trockenfutters ist jedoch, dass es oft hohe Mengen an Kohlenhydraten und weniger Feuchtigkeit enthält als andere Futterarten. Einige Hunde können auch Nahrungsmittelallergien oder -unverträglichkeiten gegen bestimmte Zutaten in Trockenfutter haben.
Nassfutter

Nassfutter ist eine weitere gängige Option. Es ist oft schmackhafter für Hunde und kann eine höhere Qualität an Proteinen und weniger Kohlenhydrate als Trockenfutter enthalten. Darüber hinaus enthält Nassfutter viel Feuchtigkeit, was zur Hydratation beitragen kann.

Nachteile von Nassfutter können die kürzere Haltbarkeit nach dem Öffnen, die höheren Kosten und die Tatsache, dass es weniger bequem zu lagern und zu handhaben ist als Trockenfutter, sein.

Rohfutter (BARF)

Die Rohfütterung oder BARF-Ernährung basiert auf dem Prinzip, Hunde mit rohem Fleisch, Knochen, Obst und Gemüse zu füttern, ähnlich dem, was ihre Vorfahren in der Wildnis gegessen hätten. Befürworter dieser Ernährungsform

argumentieren, dass sie zu einem glänzenderen Fell, gesünderer Haut und besserer allgemeiner Gesundheit führt.

Allerdings kann die Rohfütterung auch Herausforderungen und Risiken mit sich bringen. Sie erfordert eine sorgfältige Planung und Zubereitung, um sicherzustellen, dass der Hund alle benötigten Nährstoffe erhält. Es besteht auch ein Risiko für bakterielle Kontamination durch rohes Fleisch.

Hausgemachtes Futter

Hausgemachtes Futter kann zeitaufwendig sein und erfordert eine sorgfältige Planung und Kenntnisse über Hundenährung, um sicherzustellen, dass es ausgewogen ist und alle notwendigen Nährstoffe enthält. Es kann auch schwierig sein, die richtige Nährstoffzusammensetzung und Kalorienzufuhr zu erreichen, insbesondere für Welpen, trächtige oder stillende Hündinnen und Hunde mit bestimmten gesundheitlichen Bedingungen.

Bei unsachgemäßer Zubereitung kann es zu ernährungsbedingten Mängeln oder Überschüssen kommen, die die Gesundheit Ihres Hundes beeinträchtigen können.

Wie wählt man das richtige Futter aus?

Bei der Auswahl des richtigen Futters für Ihren Hund sollten Sie mehrere Faktoren berücksichtigen. Dazu gehören die Größe, Rasse und das Alter Ihres Hundes, sein Aktivitätsniveau, eventuelle gesundheitliche Bedenken und natürlich seine persönlichen Vorlieben.

Größere Hunde und aktive Hunde benötigen mehr Kalorien, während kleinere oder weniger aktive Hunde weniger Kalorien benötigen. Einige Rassen haben spezifische ernährungsbedingte Bedürfnisse oder sind anfälliger für bestimmte Gesundheitsprobleme, die durch die Ernährung beeinflusst werden können.

Wenn Ihr Hund gesundheitliche Probleme hat, wie Allergien, Magen-Darm-Probleme, Nierenprobleme oder Übergewicht, sollten Sie ein Futter wählen, das speziell auf seine Bedürfnisse zugeschnitten ist. In diesen Fällen ist es besonders wichtig, mit Ihrem Tierarzt oder einem Tierernährungsberater zusammenzuarbeiten, um die beste Ernährungsstrategie zu finden.

Letztendlich sollte das beste Futter für Ihren Hund eine ausgewogene Versorgung mit allen notwendigen Nährstoffen bieten, zu seinem Lebensstil und seinen gesundheitlichen Bedürfnissen passen und natürlich auch etwas sein, das er gerne frisst.

Lesen von Futtermittel-Etiketten: Ein Leitfaden

Die Auswahl des richtigen Futters für Ihren Hund ist von größter Bedeutung für seine Gesundheit und sein Wohlbefinden. Eine der Schlüsselinformationen, die bei dieser Entscheidung helfen können, sind die Angaben auf dem Etikett des Hundefutters. Das Lesen und Verstehen dieser Etiketten kann jedoch verwirrend sein. Dieser Artikel soll Ihnen helfen, die grundlegenden Elemente eines Hundefutteretiketts zu verstehen.

Produktname

Der Produktname kann oft den ersten Hinweis auf den Inhalt des Futters geben. Wenn der Name eine spezifische Fleischsorte enthält (zum Beispiel „Hühnerfutter"), bedeutet dies in der Regel, dass mindestens 25% des Produkts aus diesem Fleisch bestehen.

Zutatenliste

Die Zutatenliste gibt Aufschluss darüber, was im Futter enthalten ist. Sie ist in absteigender Reihenfolge nach Gewicht sortiert, das heißt, die Zutat, die am meisten im Produkt enthalten ist, steht an erster Stelle. Achten Sie auf Produkte, die Fleisch oder Fleischmehl als erste Zutaten auflisten, da Hunde Protein benötigen.

Beachten Sie, dass die Bezeichnungen auf der Zutatenliste manchmal verwirrend sein können. „Fleisch" bezieht sich auf Muskelfleisch, während „Fleischnebenerzeugnisse" oder „tierische Nebenerzeugnisse" auf andere Teile des Tieres wie Innereien verweisen können.

Nährstoffanalyse

Die Nährstoffanalyse gibt den Prozentsatz von Proteinen, Fetten, Ballaststoffen und Wasser im Futter an. Der Protein- und Fettgehalt kann stark variieren, abhängig davon, ob es sich um ein Futter für Welpen, ausgewachsene oder ältere Hunde handelt. Welpen und aktive Hunde benötigen mehr Protein und Fett, während ältere oder weniger aktive Hunde davon weniger benötigen.

Nährstoffgarantie

In vielen Ländern ist es gesetzlich vorgeschrieben, dass Hundefutter bestimmte Mindestmengen an Nährstoffen enthält. Diese Informationen finden Sie in der Regel unter der „Nährstoffgarantie". Sie gibt den minimalen Prozentsatz an Protein und Fett sowie den maximalen Prozentsatz an Ballaststoffen und Wasser an.

Fütterungsempfehlungen

Diese Anleitung ist wichtig, um eine Vorstellung davon zu bekommen, wie viel Sie Ihrem Hund jeden Tag füttern sollten. Aber denken Sie daran, dass diese Empfehlungen allgemeine Richtlinien sind. Der spezifische Bedarf Ihres

Hundes kann variieren, je nach Alter, Größe, Rasse, Gesundheitszustand und Aktivitätsniveau. Auch muss darauf hingewiesen werden, dass die Futtermittelhersteller natürlich am Verkauf ihrer Produkte interessiert sind, mitunter werden eher zu große als zu geringe Mengen empfohlen.

Lebensmittelzusatzstoffe

Lebensmittelzusatzstoffe wie Konservierungsstoffe, Farbstoffe und Geschmacksverstärker sind oft in Hundefutter enthalten. Während einige davon sicher und notwendig sind, um das Futter frisch und schmackhaft zu halten, können andere potenziell schädlich sein. Versuchen Sie, Produkte zu vermeiden, die künstliche Farbstoffe, Süßstoffe und Konservierungsstoffe enthalten.

Angaben zur Herkunft und Herstellung

Einige Etiketten können auch Angaben zur Herkunft der Zutaten und zur Herstellung des Futters enthalten. Dies kann wichtig sein, wenn Sie besonderen Wert auf Futter aus nachhaltiger Produktion oder mit lokal bezogenen Zutaten legen.

Zusammenfassung

Das Verstehen von Futtermittel-Etiketten ist ein wesentlicher Schritt, um sicherzustellen, dass Ihr Hund eine ausgewogene und gesunde Ernährung erhält. Während es zunächst überwältigend erscheinen mag, kann das Wissen über die Bedeutung von Produktname, Zutatenliste, Nährstoffanalyse, Nährstoffgarantie und Fütterungsempfehlungen dazu beitragen, informierte Entscheidungen über das Futter Ihres Hundes zu treffen.

Gewichtsmanagement und Überfütterung bei Hunden: Ein Leitfaden zur Erhaltung eines gesunden Gewichts

Die Erhaltung eines gesunden Gewichts ist für das Wohlbefinden Ihres Hundes von entscheidender Bedeutung. Leider sind Überfütterung und Fettleibigkeit häufige Probleme bei Hunden, die ernsthafte gesundheitliche Probleme verursachen können. Dieser Artikel soll Ihnen dabei helfen, die Auswirkungen von Überfütterung zu verstehen und Strategien zur Erhaltung eines gesunden Gewichts Ihres Hundes zu erlernen.

Auswirkungen der Überfütterung und Fettleibigkeit

Überfütterung und Fettleibigkeit können eine Reihe von Gesundheitsproblemen bei Hunden verursachen. Dazu gehören Diabetes, Herzkrankheiten, Gelenkprobleme und eine verkürzte Lebenserwartung. Fettleibige Hunde können auch Schwierigkeiten bei körperlichen Aktivitäten haben und sind anfälliger für Hitzeunverträglichkeit und Atemprobleme.

Erkennen von Überfütterung und Fettleibigkeit

Um festzustellen, ob Ihr Hund überfüttert oder fettleibig ist, sollten Sie sowohl sein Gewicht als auch seine Körperform beachten. Ein gesunder Hund sollte eine gut definierte Taille haben und Sie sollten in der Lage sein, seine Rippen zu fühlen, aber nicht zu sehen. Wenn Sie diese Merkmale nicht erkennen können, ist Ihr Hund möglicherweise übergewichtig.

Vorbeugung und Management von Überfütterung und Fettleibigkeit

Um Überfütterung und Fettleibigkeit zu vermeiden, ist es wichtig, eine ausgewogene Ernährung und regelmäßige körperliche Aktivität sicherzustellen. Hier sind einige Strategien, die Sie anwenden können:

Fütterungsempfehlungen beachten: Die auf der Verpackung des Hundefutters angegebenen Fütterungsempfehlungen sind ein guter Ausgangspunkt, um zu bestimmen, wie viel Futter Ihr Hund täglich benötigt. Beachten Sie jedoch, dass diese Empfehlungen je nach Alter, Größe, Rasse und Aktivitätsniveau Ihres Hundes angepasst werden müssen.

Regelmäßige Mahlzeiten: Anstatt Ihrem Hund den ganzen Tag über Zugang zu Futter zu gewähren, sollten Sie feste Fütterungszeiten einplanen. Dies hilft Ihnen, die Menge an Nahrung zu kontrollieren, die Ihr Hund konsumiert, und verhindert Überfütterung.

Ausgewogene Ernährung: Stellen Sie sicher, dass das Futter Ihres Hundes eine ausgewogene Mischung aus Proteinen, Kohlenhydraten und Fetten sowie die notwendigen Vitamine und Mineralien enthält. Vermeiden Sie es, Ihrem Hund zu viele Leckereien oder Tischabfälle zu geben, da diese oft reich an Kalorien und arm an Nährstoffen sind.

Regelmäßige Bewegung: Sorgen Sie dafür, dass Ihr Hund regelmäßig körperliche Aktivität erhält. Dies kann Spaziergänge, Spiele im Park, Agility-Training oder andere Formen der Bewegung umfassen. Regelmäßige Bewegung hilft nicht nur, das Gewicht Ihres Hundes zu kontrollieren, sondern ist auch wichtig für seine allgemeine Gesundheit und sein Wohlbefinden.

Kontrollierte Leckerlies: Es ist völlig in Ordnung, Ihrem Hund gelegentlich ein Leckerli zu geben, aber es ist wichtig, dabei Maß zu halten. Leckerlies sollten nicht mehr als 10% der täglichen Kalorienaufnahme Ihres Hundes ausmachen. Achten Sie außerdem darauf, kalorienarme und gesunde Leckerlies zu wählen.

Regelmäßige Gewichtskontrollen: Es ist empfehlenswert, das Gewicht Ihres Hundes regelmäßig zu kontrollieren, um frühzeitig Anzeichen einer Gewichtszunahme zu erkennen. Falls Sie eine stetige Gewichtszunahme feststellen, sollten Sie sich an Ihren Tierarzt wenden, um die Ursachen zu ermitteln und einen Plan zur Gewichtsreduktion zu erstellen.

Spezielle Ernährungsbedürfnisse bei Hunden: Informationen zur Ernährung bei gesundheitlichen Problemen

Hunde, ähnlich wie Menschen, können unter gesundheitlichen Bedingungen leiden, die spezielle diätetische Anforderungen erfordern. Dieser Artikel gibt einen Überblick über einige gängige Gesundheitsprobleme bei Hunden, die eine spezielle Ernährung erfordern, einschließlich Allergien, Diabetes, Herzkrankheiten und Nierenproblemen.

Allergien

Einige Hunde können allergisch oder intolerant gegen bestimmte Arten von Nahrungsmitteln sein. Die häufigsten Allergene sind Rind, Huhn, Weizen, Mais, Soja, Milch und Eier. Symptome einer Nahrungsmittelallergie können Hautausschläge, Juckreiz, Verdauungsprobleme und mehr umfassen. Bei Verdacht auf eine Nahrungsmittelallergie sollte ein Tierarzt konsultiert werden, der eine Ausschlussdiät empfehlen kann, um das Allergen zu identifizieren. Danach sollte eine hypoallergene Ernährung eingeführt werden, die das Allergen ausschließt.

Diabetes

Diabetes mellitus ist eine häufige Erkrankung bei Hunden, die eine Anpassung der Ernährung erfordert. Eine ausgewogene, niedrig glykämische Ernährung, die reich an komplexen Kohlenhydraten und Ballaststoffen ist, kann helfen, den Blutzuckerspiegel zu regulieren und Gewichtsmanagement zu fördern. Es ist wichtig, dass die Fütterungszeiten und -mengen konsistent bleiben, um einen stabilen Blutzuckerspiegel zu gewährleisten.

Herzerkrankungen

Bei Hunden mit Herzerkrankungen kann eine spezielle Ernährung helfen, die Belastung des Herzens zu verringern. Diese Ernährungen sind oft niedrig in Natrium, um Flüssigkeitsansammlungen zu reduzieren, und reich an Omega-3-Fettsäuren, um Entzündungen zu bekämpfen. Sie können auch eine moderat eingeschränkte Proteinmenge, aber aus hochwertigen Quellen enthalten.

Nierenprobleme

Hunde mit Nierenerkrankungen benötigen eine spezielle Ernährung, die dazu beiträgt, die Belastung der Nieren zu reduzieren. Diese Ernährungen sind typischerweise niedrig in Phosphor und Protein, aber das enthaltene Protein ist von hoher Qualität. Sie können auch erhöhte Mengen an Omega-3-Fettsäuren enthalten, die entzündungshemmende Eigenschaften haben.

Leckerlis und Belohnungen bei Hunden: Ihre Rolle in Ernährung und Training

Leckerlis und Belohnungen spielen eine wichtige Rolle in der Ernährung und im Training von Hunden. Sie können als Anreiz für gutes Verhalten dienen und helfen, das Training effektiver zu machen. Jedoch sollten sie verantwortungsbewusst verwendet werden, um Überfütterung und Ernährungsungleichgewichte zu vermeiden. Dieser Artikel wird die Rolle von Leckerlis in der Ernährung und im Training eines Hundes diskutieren und wie sie richtig verwendet werden sollten.

Die Rolle von Leckerlis in der Ernährung eines Hundes

Leckerlis können eine wertvolle Ergänzung zur Ernährung eines Hundes sein, solange sie in Maßen gegeben werden. Sie können zusätzliche Nährstoffe liefern und dazu beitragen, die Nahrungsaufnahme angenehmer zu gestalten. Es ist jedoch wichtig zu beachten, dass Leckerlis nicht die Hauptnahrungsquelle eines Hundes sein sollten. Sie sollten nicht mehr als 10% der täglichen Kalorienaufnahme eines Hundes ausmachen, da sie sonst zu Gewichtszunahme und Ernährungsungleichgewichten führen können.

Die Rolle von Leckerlis im Training eines Hundes

Im Training können Leckerlis als positive Verstärkung verwendet werden, um gutes Verhalten zu belohnen. Sie können dazu beitragen, das Lernen zu beschleunigen und das Training angenehmer zu gestalten. Es ist jedoch wichtig, sie klug zu verwenden und nicht jedes geringste gute Verhalten mit einem Leckerli zu belohnen, um eine Abhängigkeit zu vermeiden.

Richtiger Einsatz von Leckerlis

Hier sind einige Tipps für den richtigen Einsatz von Leckerlis:

Wählen Sie gesunde Leckerlis: Viele kommerzielle Leckerlis sind reich an Fett und Zucker und können zu Gewichtszunahme und gesundheitlichen Problemen führen. Wählen Sie stattdessen gesunde Optionen wie Obst- und Gemüsestücke, mageres Fleisch oder speziell zubereitete Hunde-Leckerlis, die reich an Proteinen und Ballaststoffen sind.

Verwenden Sie kleine Portionen: Bei der Verwendung von Leckerlis im Training ist es oft effektiver, kleine Portionen zu verwenden. Kleine Leckerlis sind weniger wahrscheinlich, Gewichtszunahme zu verursachen, und Ihr Hund wird wahrscheinlich ebenso erfreut sein, ein kleines Leckerli zu erhalten, wie ein großes.

Variieren Sie die Leckerlis: Variieren Sie die Art der Leckerlis, die Sie Ihrem Hund geben, um ihn zu motivieren und ihm eine Vielfalt von Geschmacksrichtungen und Nährstoffen zu bieten.

Integrieren Sie Leckerlis in das Training (Fortsetzung): Vermeiden Sie es, Leckerlis als Bestechung zu verwenden, da dies dazu führen kann, dass Ihr Hund nur dann gehorcht, wenn er eine Belohnung erwartet. Es ist wichtig, dass Ihr Hund lernt, auf Ihre Anweisungen zu hören, auch wenn kein Leckerli in Aussicht ist.
Die Rolle von Leckerlis bei speziellen Ernährungen

Falls Ihr Hund eine spezielle Ernährung aufgrund von gesundheitlichen Bedingungen oder Gewichtsmanagement einhalten muss, ist es besonders wichtig, geeignete Leckerlis zu wählen. Es gibt eine Reihe von Leckerlis auf dem Markt, die speziell für Hunde mit bestimmten Gesundheitszuständen, wie Diabetes oder Nierenerkrankungen, formuliert sind. Es ist wichtig, dass die Leckerlis, die Sie auswählen, die speziellen diätetischen Anforderungen Ihres Hundes erfüllen und nicht seine Gesundheit gefährden.

Gefährliche Lebensmittel für Hunde: Was Sie vermeiden sollten

Es ist verlockend, Ihren Hund mit Leckereien von Ihrem eigenen Teller zu verwöhnen, aber viele gängige Lebensmittel und Substanzen, die für Menschen sicher sind, können für Hunde giftig sein. Diese Lebensmittel können schwere gesundheitliche Probleme verursachen und in einigen Fällen sogar tödlich sein.

Schokolade und Kaffee

Schokolade und Kaffee enthalten Substanzen namens Methylxanthine (speziell Theobromin in Schokolade und Koffein in Kaffee), die für Hunde toxisch sind. In ausreichenden Mengen können sie Erbrechen, Durchfall, übermäßigen Durst und Harnabsatz, Hyperaktivität, abnormalen Herzrhythmus, Krämpfe und sogar den Tod verursachen. Dunkle Schokolade, Backschokolade und Kakaopulver sind besonders gefährlich, da sie höhere Mengen an Theobromin enthalten.

Zwiebeln und Knoblauch

Zwiebeln und Knoblauch, sowohl roh als auch gekocht, sind für Hunde toxisch. Sie enthalten Schwefelverbindungen, die die roten Blutkörperchen von Hunden schädigen können, was zu Anämie führen kann. Symptome können Schwäche, Apathie, blassrosa bis gelbliche Schleimhäute, beschleunigte Atmung und erhöhter Herzschlag sein.

Trauben und Rosinen

Die genaue Ursache ist noch unbekannt, aber der Verzehr von Trauben und Rosinen wurde mit akutem Nierenversagen bei Hunden in Verbindung gebracht. Auch kleine Mengen können giftig sein. Symptome können Erbrechen, Durchfall, Appetitlosigkeit und Lethargie umfassen.

Alkohol

Alkoholische Getränke und Lebensmittel, die Alkohol enthalten, können für Hunde toxisch sein. Alkohol kann das zentrale Nervensystem, das Herz und die Atmungsrate eines Hundes beeinträchtigen. Symptome können Erbrechen, Atembeschwerden, Koordinationsprobleme, Bewusstseinsveränderungen, Krämpfe und sogar den Tod umfassen.

Andere gefährliche Lebensmittel

Einige andere Lebensmittel, die für Hunde gefährlich sein können, umfassen Avocados, Macadamianüsse, Hefe, Xylitol (ein Süßstoff, der oft in zuckerfreien Lebensmitteln gefunden wird), und Obstkerne und -kerne, die Cyanid enthalten können, wie Apfelkerne, Pfirsich-, Pflaumen- und Kirschkerne.

Häufig gestellte Fragen zur Hundeernährung

1. Wie oft sollte ich meinen Hund füttern?

Die Häufigkeit der Fütterung kann je nach Alter, Rasse und Gesundheitszustand des Hundes variieren. Allgemein gilt jedoch, dass Welpen drei bis vier Mal am Tag gefüttert werden sollten, während ausgewachsene Hunde in der Regel ein bis zwei Mal am Tag gefüttert werden. Ältere Hunde können auch von kleineren, häufigeren Mahlzeiten profitieren.

2. Wie viel Futter sollte ich meinem Hund geben?

Die Menge des Futters hängt von vielen Faktoren ab, einschließlich der Größe, des Alters, der Rasse, des Aktivitätsniveaus und des Gesundheitszustandes des Hundes. In der Regel finden Sie auf der Verpackung des Hundefutters Fütterungsempfehlungen basierend auf dem Gewicht des Hundes. Es ist immer ratsam, den Rat Ihres Tierarztes einzuholen, um sicherzustellen, dass Ihr Hund die richtige Menge an Futter erhält.

3. Ist es in Ordnung, meinem Hund menschliches Essen zu geben?

Während einige menschliche Lebensmittel sicher für Hunde sind, können andere giftig sein. Es ist am besten, Ihrem Hund keine menschlichen Lebensmittel zu geben, es sei denn, Sie haben vorher recherchiert oder Ihren Tierarzt gefragt. Selbst dann sollten menschliche Lebensmittel nur gelegentlich als Leckerli und nicht als Ersatz für ein ausgewogenes Hundefutter gegeben werden.

4. Was soll ich tun, wenn mein Hund übergewichtig ist?

Wenn Ihr Hund übergewichtig ist, ist es wichtig, seine Kalorienaufnahme zu reduzieren und seine körperliche Aktivität zu erhöhen. Sie sollten auch mit Ihrem Tierarzt sprechen, um sicherzustellen, dass es keine zugrunde liegenden Gesundheitsprobleme gibt, die zum Gewichtsproblem beitragen könnten. Es gibt spezielle Ernährungfutter für Hunde, die dabei helfen können, das Gewicht zu reduzieren und gleichzeitig sicherzustellen, dass Ihr Hund alle notwendigen Nährstoffe erhält.

5. Ist Trockenfutter oder Nassfutter besser für meinen Hund?

Sowohl Trocken- als auch Nassfutter haben ihre Vor- und Nachteile. Trockenfutter ist bequem und kann dazu beitragen, die Zähne sauber zu halten, während Nassfutter hydratisierend ist und oft schmackhafter für Hunde ist. Die beste Wahl hängt von den spezifischen Bedürfnissen und Vorlieben Ihres Hundes ab. Manche Hundebesitzer entscheiden sich auch für eine Kombination aus beidem.

6. Gibt es bestimmte Lebensmittel, die ich vermeiden sollte?

Ja, es gibt bestimmte Lebensmittel, die für Hunde toxisch sein können, darunter Schokolade, Zwiebeln, Knoblauch, Trauben, Rosinen, Alkohol, Macadamianüsse und bestimmte Süßstoffe wie Xylitol. Wenn Ihr Hund eines dieser Lebensmittel gefressen hat, sollten Sie sofort einen Tierarzt aufsuchen.

7. Ist es gut, meinem Hund eine vegetarische oder vegane Ernährung zu geben?

Hunde sind omnivore Tiere, was bedeutet, dass sie sowohl pflanzliche als auch tierische Nahrung zu sich nehmen können. Allerdings sind sie evolutionär darauf ausgerichtet, ein gewisses Maß an tierischen Produkten in ihrer Nahrung zu haben. Eine vegetarische oder vegane Ernährung kann für Hunde schwieriger zu managen sein und erfordert eine sorgfältige Planung, um sicherzustellen, dass sie alle notwendigen Nährstoffe erhalten. Wenn Sie eine solche Ernährung in Erwägung ziehen, sollten Sie dies unbedingt mit einem Tierarzt oder einem Ernährungsberater für Tiere besprechen.

8. Wie erkenne ich, ob mein Hund eine Nahrungsmittelallergie hat?

Nahrungsmittelallergien bei Hunden können eine Vielzahl von Symptomen hervorrufen, einschließlich Juckreiz, Hautausschlägen, Magen-Darm-Problemen und mehr. Wenn Sie vermuten, dass Ihr Hund eine Nahrungsmittelallergie hat, sollten Sie einen Tierarzt aufsuchen. Er kann Tests durchführen und gegebenenfalls eine Ausschlussdiät vorschlagen, um zu bestimmen, auf welche Inhaltsstoffe Ihr Hund allergisch reagiert.

9. Sind rohe Ernährungen gut für meinen Hund?

Rohe Ernährungen, oft als BARF (Biologisch Artgerechtes Rohes Futter) bezeichnet, sind umstritten. Befürworter argumentieren, dass sie gesünder und natürlicher für den Hund sind. Kritiker weisen jedoch darauf hin, dass rohe Ernährungen das Risiko einer bakteriellen Kontamination erhöhen können und dass sie, wenn sie nicht richtig ausgeführt werden, zu Nährstoffungleichgewichten führen können. Wenn Sie eine rohe Ernährung für Ihren Hund in Erwägung ziehen, sollten Sie dies mit Ihrem Tierarzt oder einem Tierernährungsberater besprechen.

10. Wie kann ich die Qualität des Hundefutters beurteilen?

Um die Qualität des Hundefutters zu beurteilen, können Sie zunächst die Zutatenliste und die Nährstoffinformationen auf dem Etikett überprüfen. Qualitativ hochwertiges Hundefutter sollte eine identifizierbare Fleischquelle als Hauptzutat haben und wenig bis keine Füllstoffe wie Mais oder Weizen enthalten. Sie können auch nach AAFCO (Association of American Feed Control Officials) Zertifizierungen suchen, die darauf hinweisen, dass das Futter den Nährstoffstandards entspricht. Online-Bewertungen und die Beratung durch einen Tierarzt können ebenfalls hilfreich sein.

Die Hersteller sind auf den Zug aufgesprungen!

Den Futtermittelproduzenten ist nicht entgangen, dass wir Hundehalter inzwischen großen Wert auf die **richtige** Ernährung unserer Tiere legen. Wir möchten, dass die jeweilige Packung genau das enthält, was unsere Hunde an Energie und Nährstoffen benötigen. Die Industrie weiß aber auch, dass viele von uns sich dabei schwer tun, die richtige Zusammenstellung zu erarbeiten.

Und da kommen die Marketing-Experten ins Spiel: sie haben Tools entwickelt, mit denen wir online ganz bequem zumindest ausrechnen können, wieviel Energie unser Hund so benötigt. Dazu geben wir ein paar Informationen über unser Tier am Bildschirm ein und schon rattert die Werbemühle: bei einem Anbieter wird sogar der Name meines Hundes abgefragt, damit auf der Folgeseite dann werbewirksam genau dieser Name auf der scheinbar fertig gemixten Futtertüte steht. Das Futter ist ja echt für meinen Bello gemacht, denkt so mancher dann. Aber stimmt das?

Ich habe den (nicht repräsentativen) Selbstversuch gemacht und die Daten zu meinen Hund auf verschiedenen Anbieterseiten exemplarisch eingegeben und fest damit gerechnet, nahezu identische Ergebnisse zu erzielen.

Das Resultat: ernüchternd! Für mein Tier wurden Werte zwischen 1272 und 1886 kcal ausgegeben, wobei ich bei einem Anbieter den Wert erst aus den dort angegebenen MJ* errechnen musste. Die Spanne: erschreckend! Interessant: Alle Empfehlungen lagen über dem, was eine vertrauenswürdige Tierärztliche Ernährungsberatung, die selbst kein Alleinfutter verkauft, empfiehlt.

Mehr Futter = Mehr Umsatz?!
Die Grafik unten zeigt die unfassbaren Abweichungen.
Bitte zieh` deine eigenen Schlüsse daraus...

*MJ = Megajoule

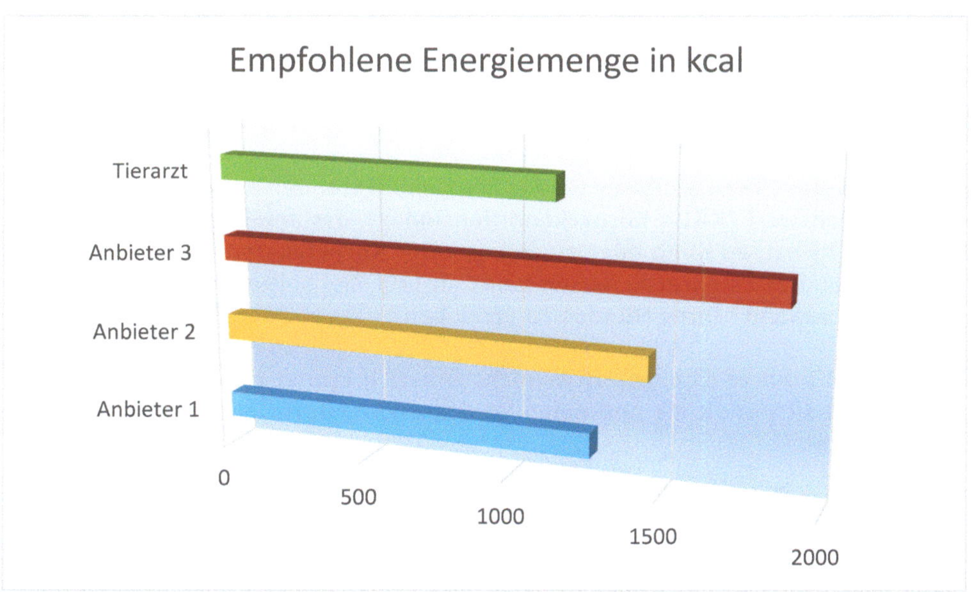

Zu dick? Zu dünn? Oder perfekt in form?

Auch zu diesem Thema gibt es für Sie offizielle Hilfe: den sogenannten Körperkonditionswert (KKI = Körperkonditionsindex), der angibt ob ein Hund Idealgewicht hat, zu dünn oder zu dick ist. Der Körperzustand wird anhand optischer und ertastbarer Kriterien beurteilt und Ziel sollte immer sein, das sog. „Idealgewicht" Ihres Hundes zu erreichen.

Denn damit fühlt er sich, sofern er nicht anders erkrankt ist, wohl und agil und hat mit sicherheit die optimalen Voraussetzungen für ein fröhliches, erfülltes Leben.

Also los, checken wir mal, wie es bei Ihrem Hund aussieht!

Sehr dünn

Rippen: leicht zu ertasten, keine Fettschicht darüber
Schwanzansatz: Hervorstehende Knochen, kein Gewebe zwischen Haut und Knochen
Seitenansicht: Die Flanken sind stark eingefallen
Ansicht von oben: Ausgeprägte Form einer Sanduhr

Untergewicht

Rippen: leicht zu ertasten, keine Fettschicht darüber
Schwanzansatz: Hervorstehende Knochen, minimale Gewebeschicht zwischen Haut und Knochen
Seitenansicht: Die Flanken sind eingefallen
Ansicht von oben: Sichtbare Form einer Sanduhr

Idealgewicht

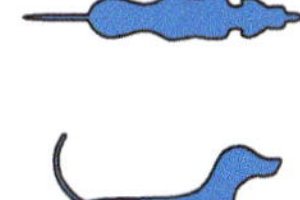

Rippen: leicht zu ertasten, leicht dünne Fettschicht
Schwanzansatz: Glatte Kontur, Knochen können aber unter dünner Fettschicht gefühlt werden
Seitenansicht: Die Flanken sind leicht eingefallen
Ansicht von oben: Gut proportionierte Taille

Übergewicht

Rippen: schwer zu ertasten, mäßige Fettschicht darüber
Schwanzansatz: Gewisse Verdickung, Knochen sind aber unter mäßiger Fettschicht ertastbar
Seitenansicht: Keine Flankengrube oder Taille
Ansicht von oben: Rücken ist leicht verbreitert

Fettsucht

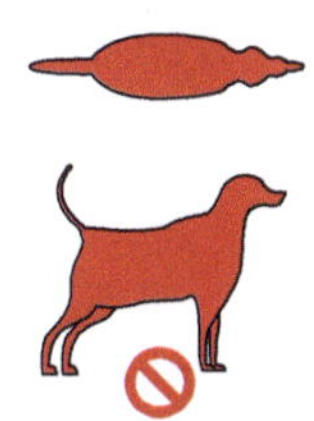

Rippen: schwer zu ertasten, dicke Fettschicht darüber
Schwanzansatz: Verdickt und unter dicker Fettschicht schwer zu ertasten
Seitenansicht: Fett hängt vom Bauch herab, keine Taille zu erkennen
Ansicht von oben: Der Rücken ist leicht verbreitert

Gut investiertes Geld!

Haben Sie sich jemals gefragt, wie Sie Ihrem vierbeinigen Freund noch besser unterstützen können? Nein, es geht hier nicht um zusätzliche Streicheleinheiten oder modische Hundekleidung. Es geht um etwas, das das Wohlbefinden Ihres Hundes auf ein neues Niveau heben kann: Professionelle Ernährungsberatung für Hunde. Genau so ist es. Bevor Sie nun denken: „Soll ich dafür auch noch 100 bis 200 Euro ausgeben?", lassen Sie mich erklären, warum dies die beste Investition sein könnte, die Sie für Ihren Liebling tätigen könnten.

Denken Sie einmal darüber nach, wie oft Sie Ihren Hund schon mit einem bestimmten Leckerli bestochen haben, damit er den Ball holt oder aufhört, Ihre neuen Schuhe anzunagen. Und wie oft haben Sie ihm einfach das gegeben, was auf der Rückseite der Verpackung steht, ohne wirklich zu wissen, ob das gut für ihn ist? Möglicherweise häufiger, als Sie zugeben möchten. Hier kommt die professionelle Ernährungsberatung ins Spiel.

Ein Ernährungsberater ist vergleichbar mit einem persönlichen Koch, Arzt*
und Trainer in einem. Dieser Fachmann analysiert genau, was Ihr Hund benötigt, basierend auf Rasse, Alter, Gewicht, Aktivitätsniveau und Gesundheitszustand. Anschließend erstellt der Berater einen individuellen Ernährungsplan,
der sicherstellt, dass Ihr Hund alle notwendigen Nährstoffe erhält und nichts,
was ihm schaden könnte.

Sie fragen sich vielleicht: „Warum sollte ich dafür Geld ausgeben?" Denken
Sie daran, wie viel Sie schon für Tierarztrechnungen ausgegeben haben, weil
Ihr Hund Durchfall hatte oder sich unwohl gefühlt hat? Wie oft haben Sie
sich Sorgen gemacht, ob er wirklich gesund ist? Mit einer professionellen
Ernährungsberatung können Sie viele dieser Probleme vermeiden. Denn ein
gut ernährter Hund ist auch ein gesunder und glücklicher Hund. Das ist doch
unbezahlbar, oder?

Darüber hinaus sind 100 bis 200 Euro im Vergleich zu dem, was man dafür
erhält, nicht wirklich viel. Sie geben wahrscheinlich mehr für Hundespielzeug
aus, das Ihr Liebling in Sekundenschnelle zerstört. Warum also nicht in etwas
investieren, das nachhaltiger ist und Ihrem Hund tatsächlich hilft?

In diesem Sinne ist eine professionelle Ernährungsberatung für Ihren Hund
nicht nur eine gute Idee, sondern eine großartige Investition. Sie unterstützt
Sie dabei, Ihrem Hund das bestmögliche Leben zu ermöglichen und ihn vor
Gesundheitsproblemen zu schützen. Und das Beste daran? Sie können sich
sicher sein, dass Sie alles richtig machen. Denn Sie haben einen Fachmann an
Ihrer Seite, der Sie unterstützt. Worauf warten Sie also noch? Ihr Hund wird
es Ihnen danken!

*Bitte beachten Sie, dass bei einem potenziell kranken Hund der Berater
allein nicht helfen kann. Er wird einen Tierarzt zu Rate ziehen oder Sie direkt
an einen solchen verweisen!

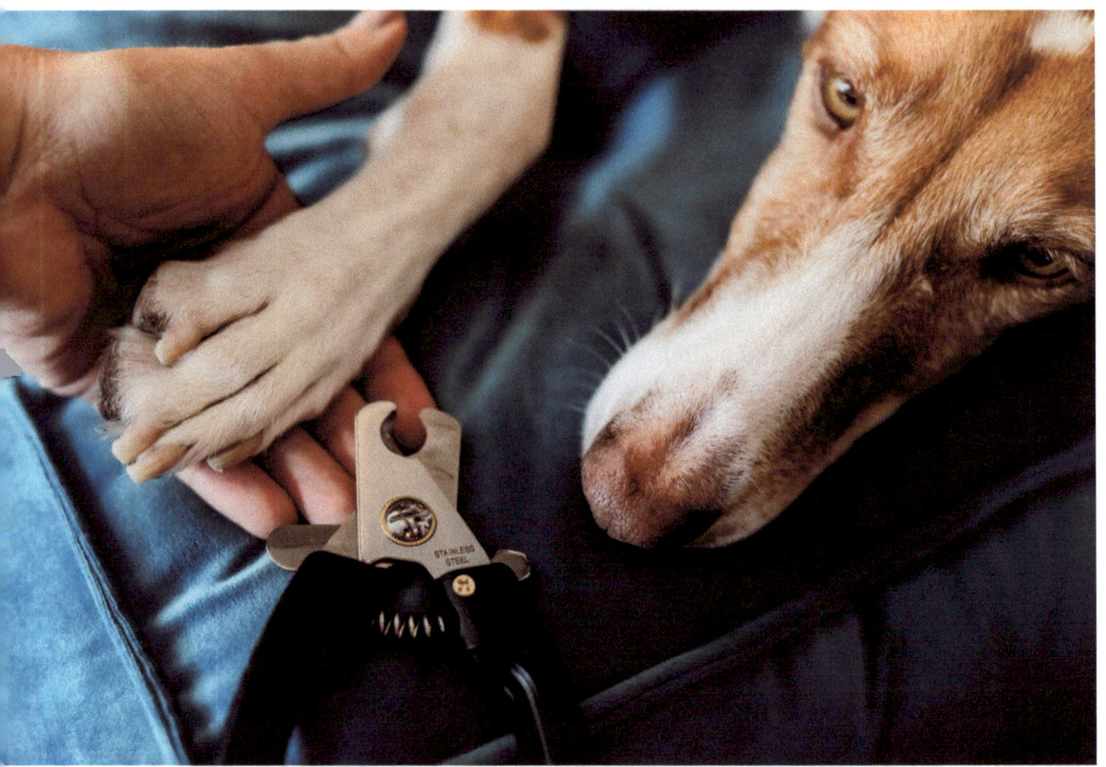

Auch sehr wichtig: die Pflege rundum

Die Pflege des Podenco ist relativ unkompliziert, dennoch erfordert sie regelmäßige Aufmerksamkeit, um das Wohlbefinden und die Gesundheit des Hundes zu gewährleisten.

Fellpflege

Die Fellpflege hängt stark vom jeweiligen Felltyp des Podenco ab. Es gibt drei Haupttypen: glattes Fell, raues Fell und mittellanges bis langes Fell.

Glattes Fell
Pflegebedarf: Minimal. Einmal wöchentliches Bürsten reicht aus, um lose Haare zu entfernen und das Fell glänzend zu halten.
Baden: Nur bei Bedarf, z.B. wenn der Hund sehr schmutzig ist. Zu häufiges Baden kann die natürlichen Öle der Haut entfernen und zu Trockenheit

führen.

Raues Fell

Pflegebedarf: Mittel. Wöchentliches Bürsten ist erforderlich, um Verfilzungen zu vermeiden. Ein Kamm oder eine Bürste mit festen Borsten eignet sich gut für diesen Felltyp.
Baden: Auch hier gilt, nur bei Bedarf baden. Das raue Fell sollte gelegentlich getrimmt werden, um es in guter Form zu halten.

Mittellanges bis Langes Fell

Pflegebedarf: Hoch. Regelmäßiges, am besten zweimal wöchentliches Bürsten ist notwendig, um Verfilzungen und Knoten zu verhindern. Eine Bürste mit weichen Borsten und ein Entfilzungskamm sind hilfreich.

Baden: Wie bei den anderen Felltypen, nur bei Bedarf. Aufgrund der Länge des Fells kann ein gründlicheres Trocknen nach dem Baden erforderlich sein, um Hautprobleme zu vermeiden.

Zahnpflege

Die Zahnpflege ist ein oft übersehener, aber sehr wichtiger Aspekt der Pflege eines Podencos. Gute Zahnhygiene kann Zahnfleischerkrankungen und anderen gesundheitlichen Problemen vorbeugen.
Zähneputzen: Ideal ist es, die Zähne Ihres Podencos täglich zu putzen. Verwenden Sie dazu eine spezielle Hundezahnbürste und Hundezahnpasta. Niemals menschliche Zahnpasta verwenden, da diese für Hunde schädlich sein kann.
Zahnpflegeknochen und Kauspielzeug: Diese können helfen, die Zähne sauber zu halten und Zahnsteinbildung zu reduzieren. Achten Sie darauf, dass sie sicher und geeignet für Hunde sind.
Regelmäßige Kontrollen: Lassen Sie die Zähne Ihres Hundes regelmäßig von einem Tierarzt überprüfen. Professionelle Zahnreinigungen können notwendig sein, wenn sich Zahnstein gebildet hat.

Ohrenpflege

Die Ohrenpflege ist besonders wichtig, um Infektionen und Ohrmilben vorzubeugen.
Regelmäßige Kontrolle: Überprüfen Sie die Ohren Ihres Podencos mindestens einmal wöchentlich auf Anzeichen von Rötungen, Schwellungen oder unangenehmen Gerüchen.

Reinigung: Verwenden Sie einen speziellen Ohrreiniger für Hunde und ein weiches Tuch oder Wattestäbchen, um das Innere der Ohren sanft zu reinigen. Achten Sie darauf, nicht zu tief in den Gehörgang zu gehen, um Verletzungen zu vermeiden.

Augenpflege

Die Augenpflege ist wichtig, um Reizungen und Infektionen zu vermeiden.
Regelmäßige Kontrolle: Überprüfen Sie die Augen auf Rötungen, Tränenfluss oder Fremdkörper. Klare, glänzende Augen sind ein Zeichen für gute Gesundheit.
Reinigung: Reinigen Sie die Augen bei Bedarf mit einem feuchten Tuch oder speziellen Augenreinigungstüchern für Hunde. Achten Sie darauf, keine scharfen oder irritierenden Substanzen zu verwenden.

Krallenpflege

Die Krallenpflege ist entscheidend, um Verletzungen und Fehlstellungen zu vermeiden.
Regelmäßiges Schneiden: Schneiden Sie die Krallen Ihres Podencos alle 3 bis 4 Wochen oder wenn sie zu lang werden. Verwenden Sie dazu eine spezielle Krallenschere für Hunde.
Feilen: Wenn Ihr Hund Angst vor der Krallenschere hat, kann eine Feile verwendet werden, um die Krallen sanft zu kürzen.
Regelmäßige Kontrolle: Überprüfen Sie die Pfoten regelmäßig auf Verletzungen, Fremdkörper oder Entzündungen.
Pfotenpflege
Die Pfotenpflege ist besonders wichtig, da die Pfoten stark beansprucht werden.
Überprüfung auf Verletzungen: Kontrollieren Sie die Pfoten regelmäßig auf Schnitte, Risse oder Fremdkörper.
Pflege der Ballen: Halten Sie die Ballen weich und geschmeidig, indem Sie bei Bedarf spezielle Pfotenbalsame verwenden. Dies ist besonders im Winter wichtig, wenn Streusalz die Pfoten reizen kann.

Haarpflege:

Schneiden Sie überschüssige Haare zwischen den Ballen, um die Bildung von Eisklumpen oder Schmutzansammlungen zu verhindern.

Körperpflege und Gesundheit

Neben der spezifischen Pflege von Fell, Zähnen, Ohren, Augen und Krallen ist

die allgemeine Körperpflege und Gesundheit wichtig.

Regelmäßige Tierarztbesuche:

Planen Sie regelmäßige Tierarztbesuche ein, um sicherzustellen, dass Ihr Podenco gesund ist und bleibt. Impfungen, Parasitenkontrollen und Gesundheitschecks sind wichtige Bestandteile der Vorsorge.

Die Pflege eines Podencos erfordert Aufmerksamkeit und Engagement, ist aber nicht übermäßig kompliziert. Durch regelmäßige Fellpflege, Zahnpflege, Ohren- und Augenpflege sowie die Pflege der Krallen und Pfoten können Sie sicherstellen, dass Ihr Podenco gesund und glücklich bleibt. Eine gute Pflege stärkt nicht nur die Gesundheit Ihres Hundes, sondern auch die Bindung zwischen Ihnen und Ihrem treuen Begleiter.

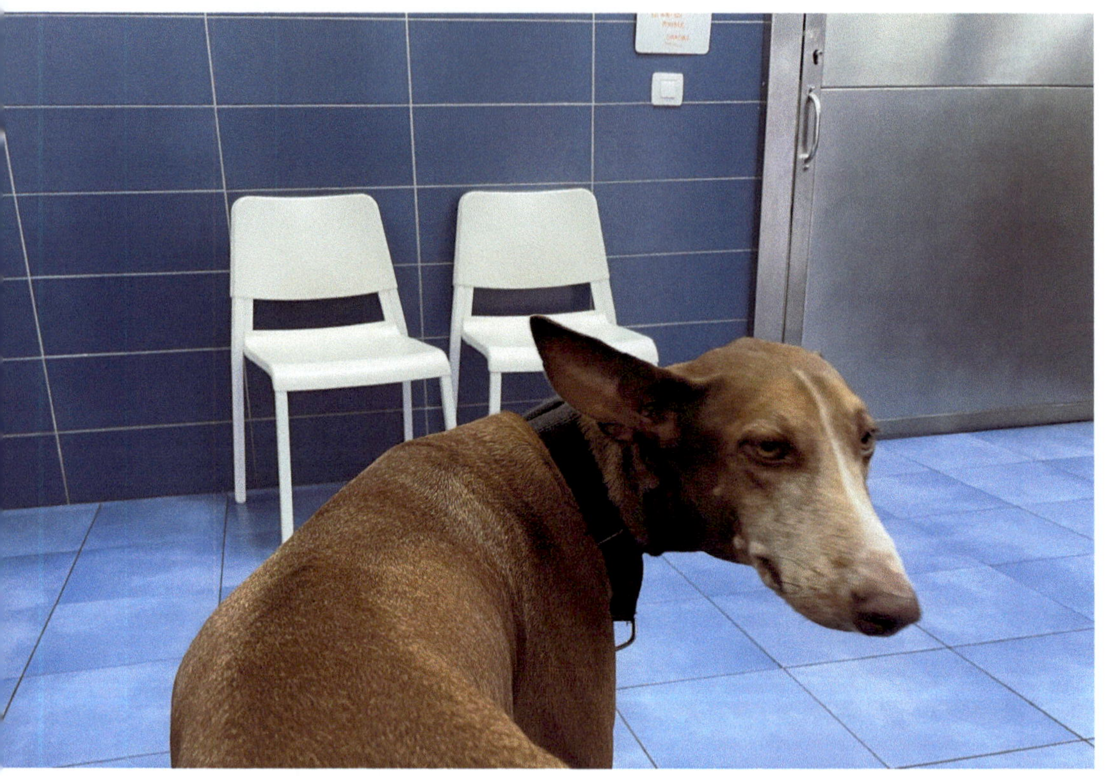

Noch ein Wichtiges Thema: Gesundheit

Die häufigsten Hundekrankheiten richtig erkennen und handeln.

Wie bei uns Menschen können auch unsere treuen Vierbeiner von verschiedenen Krankheiten betroffen sein. Einige können gut behandelt werden, während andere nur begrenzt oder gar nicht behandelbar sind.

In solchen Situationen ist es wichtig, Ihrem Hund zu helfen, mit der Krankheit zu leben. In diesem Kapitel erfahren Sie mehr über die gängigsten Hundekrankheiten, wie Sie ihre Symptome erkennen können und welche Maßnahmen Sie ergreifen können, um Ihrem Hund zu helfen.

Zwingerhusten: Symptome und Behandlungsmöglichkeiten

Zwingerhusten, auch als infektiöse Tracheobronchitis bekannt, ist eine weit verbreitete Atemwegserkrankung bei Hunden. Der Name „Zwingerhusten" stammt daher, dass die Krankheit häufig in Umgebungen auftritt, in denen viele Hunde zusammenleben, wie zum Beispiel in Tierheimen oder Hundezwingern. Es ist eine hoch ansteckende Erkrankung, die durch verschiedene Viren und Bakterien, darunter das Canine Parainfluenzavirus und Bordetella bronchiseptica, verursacht wird.

Symptome von Zwingerhusten

Die Symptome von Zwingerhusten sind in erster Linie Atemwegssymptome und können in der Schwere variieren. Typischerweise zeigen sich folgende Anzeichen:

Husten: Der auffälligste und markanteste Hinweis auf Zwingerhusten ist ein trockener, starker Husten. Dieser Husten kann so intensiv sein, dass er oft mit einem Würgen oder Erbrechen endet.

Nasenausfluss: Bei einigen Hunden kann ein klarer oder eitriger Nasenausfluss auftreten.

Fieber: In einigen Fällen kann es zu leichtem Fieber kommen.

Appetitlosigkeit und Lethargie: Einige Hunde können ihren Appetit verlieren und scheinen insgesamt weniger aktiv oder energiegeladen zu sein.

Atemnot: In schweren Fällen kann Zwingerhusten zu Atemnot führen.

Es ist wichtig zu beachten, dass einige Hunde, die mit den Erregern von Zwingerhusten infiziert sind, nur geringe oder gar keine Symptome zeigen können. Solche Hunde können jedoch immer noch die Krankheitserreger auf andere Hunde übertragen.

Behandlung von Zwingerhusten

Die Behandlung von Zwingerhusten konzentriert sich in erster Linie auf die Linderung der Symptome und die Unterstützung des Immunsystems des Hundes, um die Infektion zu bekämpfen.

In vielen milden Fällen erfordert Zwingerhusten keine spezifische medizinische Behandlung und kann sich innerhalb von ein bis zwei Wochen von selbst lösen. Es ist jedoch wichtig, dass der Hund während dieser Zeit ausreichend Ruhe bekommt und gut hydratisiert bleibt.

Bei stärkeren Symptomen kann der Tierarzt eine Reihe von Behandlungen verschreiben, darunter Hustenmittel, Antibiotika (um bakterielle Infektionen zu behandeln), und in einigen Fällen Bronchodilatatoren oder Steroide.

Prävention von Zwingerhusten

Die effektivste Methode zur Vorbeugung von Zwingerhusten ist die Impfung. Es gibt sowohl intranasale als auch injizierbare Impfstoffe, die gegen die gängigsten Erreger von Zwingerhusten schützen. Während die Impfung keinen 100%igen Schutz bietet, kann sie dazu beitragen, dass die Krankheit bei einem infizierten Hund milder verläuft.

Räude: Symptome und Therapieoptionen

Räude ist eine Hautkrankheit bei Hunden, die durch winzige Milben verursacht wird. Diese Parasiten graben sich in die Haut des Tieres ein und lösen starke Entzündungsreaktionen aus. Es gibt verschiedene Arten von Räudemilben, die jeweils unterschiedliche Formen von Räude verursachen, darunter die Sarcoptes-Räude (auch bekannt als Scabies) und die Demodikose. Beide Formen können je nach Stadium und Schweregrad verschiedene Symptome verursachen und erfordern eine spezifische Behandlung.

Symptome der Räude

Juckreiz: Dies ist das auffälligste Symptom bei der Räude. Hunde mit Räude kratzen, beißen und lecken sich häufig an den betroffenen Stellen, was oft zu Wunden und Hautentzündungen führt.

Haarausfall und Hautveränderungen: Bei Räude tritt oft ein verstärkter Haarausfall auf, insbesondere an den Ohren, Ellenbogen und am Bauch. Die Haut kann gerötet, verdickt und schuppig sein und einen unangenehmen Geruch entwickeln.

Sekundärinfektionen: Die ständige Reizung und das Kratzen können zu sekundären Hautinfektionen führen, die zu einer Verschlimmerung der Symptome führen können.

Behandlung der Räude

Die Behandlung der Räude konzentriert sich auf die Beseitigung der Milben und die Linderung der Symptome. Dies geschieht in der Regel durch die Anwendung von speziellen Medikamenten, die entweder oral, topisch (direkt auf die Haut) oder durch Injektion verabreicht werden. Einige dieser Medikamente töten die Milben direkt ab, während andere das Immunsystem des Hundes stärken, um die Milben zu bekämpfen. Je nach Art und Schweregrad der Räude kann die Behandlung mehrere Wochen bis Monate dauern.

Zusätzlich zur direkten Behandlung der Räude kann es notwendig sein, sekundäre Hautinfektionen mit Antibiotika oder antimykotischen Medikamenten zu behandeln. Zur Linderung des Juckreizes können entzündungshemmende Medikamente verabreicht werden.

Prävention von Räude

Die Vorbeugung gegen Räude beinhaltet in erster Linie die Vermeidung des Kontakts mit infizierten Tieren, da einige Formen von Räude (wie die Sarcoptes-Räude) hochgradig ansteckend sind. Regelmäßige Parasitenkontrollen, einschließlich der Anwendung von Floh- und Zeckenpräparaten, können ebenfalls helfen, Räude zu verhindern.

Wichtig ist auch, dass die Behandlung von Räude unter tierärztlicher Aufsicht erfolgen sollte, da eine falsche oder unzureichende Behandlung zu einer Verschlimmerung der Symptome und zu einer chronischen Erkrankung führen kann.

Magendrehung: Symptome und Behandlungsoptionen

Die Magendrehung, medizinisch als „Gastrische Dilatation-Volvulus" (GDV) bezeichnet, ist eine ernste und lebensbedrohliche Erkrankung, die bei Hunden auftreten kann. Diese tritt auf, wenn sich der Magen des Hundes aufbläht und dann um seine Achse dreht, wodurch der Magenausgang und die Rückkehr des Blutes zum Herzen blockiert werden. Ohne sofortige tierärztliche Behandlung kann diese Situation innerhalb weniger Stunden tödlich sein. Bestimmte Rassen, wie der Deutsche Schäferhund, die Dogge oder der Bernhardiner, sind aufgrund ihrer tiefen und breiten Brustkorbstruktur besonders gefährdet.

Symptome einer Magendrehung

Aufgeblähter Bauch: Eines der ersten Anzeichen einer Magendrehung ist ein stark vergrößerter und harter Bauch.

Unruhe und Unwohlsein: Hunde mit einer Magendrehung sind oft sehr unruhig und können Zeichen von Unwohlsein und Schmerzen zeigen, einschließlich Hecheln, Speicheln, Versuchen zu erbrechen (ohne Erfolg), und allgemeiner Schwäche.

Atembeschwerden: Da der aufgeblähte Magen gegen das Zwerchfell drückt, kann es zu Atemproblemen kommen, die sich in schneller und flacher Atmung äußern.

Schock: Bei fortgeschrittener GDV kann der Hund in einen Schockzustand geraten, der durch blasse Schleimhäute, schnellen Herzschlag, kalte Extremitäten und letztendlich Bewusstlosigkeit gekennzeichnet ist.

Behandlung der Magendrehung

Eine Magendrehung ist immer ein Notfall, der sofortige tierärztliche Hilfe erfordert. Die Behandlung besteht in der Regel aus zwei Phasen:

Stabilisierung: Zunächst wird versucht, den Zustand des Hundes zu stabilisieren, was die Gabe von intravenösen Flüssigkeiten und Medikamenten zur Schockbekämpfung beinhaltet. Manchmal wird auch ein Schlauch durch die Speiseröhre eingeführt, um Luft und Flüssigkeiten aus dem Magen zu entlassen und den Druck zu mindern.

Chirurgischer Eingriff: Sobald der Hund stabil ist, wird eine Operation durchgeführt, um den Magen zu entdrehen und in seine normale Position zu bringen. In vielen Fällen wird der Magen chirurgisch fixiert, um zukünftige Drehungen zu verhindern.

Prävention von Magendrehungen

Die Vorbeugung von Magendrehungen beinhaltet vor allem das Management der Fütterungsgewohnheiten. Es wird empfohlen, kleinere Mahlzeiten über den Tag verteilt zu füttern statt einer großen Mahlzeit, und körperliche Aktivität für mindestens eine Stunde nach dem Fressen zu vermeiden.

Hunde, die einem hohen Risiko ausgesetzt sind, können auch von einer prophylaktischen Operation profitieren, bei der der Magen an der Bauchwand fixiert wird, um eine mögliche Drehung zu verhindern. Diese Operation wird oft als „Gastropexie" bezeichnet und kann gleichzeitig mit der Kastration oder einem anderen Baucheingriff durchgeführt werden.

Es ist wichtig zu betonen, dass eine schnelle Erkennung und Behandlung von GDV lebensrettend sein kann. Wenn Sie also bemerken, dass Ihr Hund Anzeichen einer Magendrehung zeigt, suchen Sie sofort einen Tierarzt auf. Denken Sie daran, dass es sich um einen absoluten Notfall handelt - jede Sekunde zählt.

Parvovirose: Anzeichen und Behandlungsmöglichkeiten

Die Parvovirose ist eine äußerst ansteckende und oft tödliche Viruserkrankung, die insbesondere Welpen und nicht geimpfte Hunde betrifft. Die Krankheit wird durch das Canine Parvovirus (CPV) verursacht, das zwei Hauptformen hat: die intestinale und die kardiale. Die intestinale Form ist am weitesten verbreitet und zeichnet sich durch Symptome wie Durchfall, Erbrechen und Appetitlosigkeit aus. Die kardiale Form betrifft hauptsächlich Welpen und führt zu einer Entzündung des Herzmuskels, was oft tödlich ist.

Anzeichen und Symptome

Die Symptome der Parvovirose können je nach Form der Erkrankung variieren. Bei der intestinalen Form gehören dazu:

- Stark riechender, blutiger Durchfall
- Erbrechen
- Appetitlosigkeit
- Lethargie
- Fieber
- Dehydration

Die kardiale Form der Parvovirose kann Symptome wie Atemnot, geschwollene Gliedmaßen und plötzlichen Tod hervorrufen. Es ist wichtig zu beachten, dass Hunde, die eine Parvovirus-Infektion haben, schnell krank werden können und sofortige tierärztliche Versorgung benötigen.

Diagnose und Behandlung

Die Diagnose der Parvovirose basiert auf den klinischen Symptomen des Hundes, der Anamnese und Labortests, einschließlich eines Schnelltests auf Parvovirus im Stuhl.

Da es sich bei der Parvovirose um eine virale Erkrankung handelt, gibt es keine spezifische Heilung. Die Behandlung konzentriert sich daher auf die Linderung der Symptome und die Aufrechterhaltung der Funktionen des Körpers, während das Immunsystem den Virus bekämpft.

Die Behandlung kann folgendes beinhalten:

- Flüssigkeitstherapie zur Bekämpfung der Dehydration
- Medikamente zur Kontrolle von Erbrechen und Durchfall
- Antibiotika zur Bekämpfung sekundärer bakterieller Infektionen
- Ernährungstherapie zur Unterstützung der Genesung

Prävention

Die beste Methode zur Prävention von Parvovirose ist die Impfung. Welpen sollten in der Regel zwischen der 6. und 8. Lebenswoche ihre erste Parvovirus-Impfung erhalten und diese dann alle 3 bis 4 Wochen bis zum Alter von 16 Wochen wiederholen. Danach sollten sie alle ein bis zwei Jahre geboostert werden, abhängig von den Empfehlungen Ihres Tierarztes.

Es ist auch wichtig, nicht geimpfte oder nur teilweise geimpfte Hunde von Orten fernzuhalten, an denen sie mit dem Virus in Kontakt kommen könnten, wie öffentlichen Parks, Tierkliniken oder Orten, an denen viele Hunde zusammenkommen.

Hepatitis: Anzeichen und Behandlungsmöglichkeiten

Hundestaupe, auch bekannt als Infektiöse Canine Hepatitis (ICH), ist eine schwerwiegende und hochansteckende Viruserkrankung, die die Leber und andere Organe von Hunden betrifft. Die Krankheit wird durch das Canine Adenovirus Typ 1 (CAV-1) verursacht und kann Hunde aller Altersgruppen betreffen, obwohl Welpen und junge Hunde besonders gefährdet sind.

Anzeichen und Symptome

Die Symptome von Hepatitis bei Hunden können je nach Schweregrad der Infektion variieren. Einige Hunde können asymptomatisch sein, während andere mildere bis hin zu schweren Symptomen aufweisen können. Die Symptome können Folgendes umfassen:

- Fieber
- Appetitlosigkeit
- Lethargie

- Bauchschmerzen
- Erbrechen und Durchfall
- Gelbsucht (Gelbfärbung von Haut und Augen)
- Augenprobleme wie eine trübe oder bläuliche Hornhaut („blaue Augen")

In schweren Fällen kann es zu inneren Blutungen, Leberversagen und plötzlichem Tod kommen.

Diagnose und Behandlung

Die Diagnose von Hepatitis basiert in der Regel auf den klinischen Symptomen des Hundes, seiner Vorgeschichte und verschiedenen Labortests, einschließlich Blutuntersuchungen und speziellen Tests zum Nachweis des Virus.

Wie bei den meisten Viruserkrankungen gibt es keine spezifische Heilung für Hepatitis. Die Behandlung konzentriert sich daher auf die Unterstützung des Körpers des Hundes, während sein Immunsystem das Virus bekämpft. Dies kann beinhalten:

- Flüssigkeitstherapie zur Bekämpfung von Dehydration
- Medikamente zur Linderung von Symptomen wie Fieber und Erbrechen
- Spezielle Ernährung zur Unterstützung der Leberfunktion
- In einigen Fällen kann eine Krankenhausaufenthalt notwendig sein, besonders bei schwerkranken Hunden

Prävention

Die beste Methode zur Vorbeugung gegen Hepatitis ist die Impfung. In der Regel wird der Impfstoff gegen Canine Adenovirus Typ 2 (CAV-2) verwendet, der auch Schutz gegen CAV-1 bietet. Welpen sollten in der Regel ihre erste Hepatitis-Impfung zwischen 6 und 8 Wochen erhalten und dann alle 3 bis 4 Wochen bis zum Alter von 16 Wochen wiederholt werden. Danach sollte die Impfung alle 1 bis 2 Jahre aufgefrischt werden, abhängig von den Empfehlungen Ihres Tierarztes.

Hüftdysplasie (HD) und Ellbogendysplasie (ED): Anzeichen und Behandlungsmöglichkeiten

Hüftdysplasie (HD) und Ellbogendysplasie (ED) sind zwei häufige orthopädische Erkrankungen bei Hunden, die beide durch eine abnormale Entwicklung der jeweiligen Gelenke gekennzeichnet sind. Diese Erkrankungen können erhebliche Schmerzen verursachen und die Mobilität des Hundes einschränken.

Hüftdysplasie (HD)

Hüftdysplasie ist eine genetische Erkrankung, bei der das Hüftgelenk abnorm entwickelt ist. Dies kann dazu führen, dass der Hüftkopf nicht richtig in die Hüftpfanne passt, was zu Schmerzen und Bewegungseinschränkungen führen kann.

Anzeichen und Symptome:

- Schwierigkeiten beim Aufstehen oder Springen
- Schmerzen in der Hüftregion
- Lahmheit oder Hinken
- Verringerte Aktivität oder Bewegung

Ellbogendysplasie (ED)

Ellbogendysplasie ist ähnlich der Hüftdysplasie, betrifft jedoch das Ellbogengelenk. Diese Erkrankung kann verschiedene Formen annehmen, darunter FCP (Fragmentierte Koronoidprozesse), OCD (Osteochondrosis Dissecans) und UAP (Ununited Anconeal Process).

Anzeichen und Symptome:

- Lahmheit oder Hinken, besonders nach dem Aufwachen oder nach körperlicher Betätigung
- Schmerzen oder Unbehagen im Bereich des Ellbogens
- Eingeschränkte Beweglichkeit des Gelenks

Behandlung

Die Behandlung von HD und ED hängt von der Schwere der Erkrankung und dem Allgemeinzustand des Hundes ab und kann sowohl konservative als auch chirurgische Methoden umfassen.

Konservative Behandlung:

Schmerzmanagement: Nichtsteroidale entzündungshemmende Medikamente (NSAIDs) können eingesetzt werden, um Schmerzen und Entzündungen zu lindern. Gewichtsmanagement: Übergewichtige Hunde haben ein höheres Risiko für HD und ED, daher ist es wichtig, dass sie ein gesundes Gewicht halten. Physiotherapie: Übungen können helfen, die Muskelmasse zu erhöhen und die Beweglichkeit zu verbessern.

Chirurgische Behandlung:

Bei schweren Fällen von HD oder ED kann eine Operation notwendig sein. Es gibt verschiedene Arten von Operationen, einschließlich Hüft- oder Ellbogenersatz, Osteotomie und Arthrodese.

Prävention

Die Vorbeugung von HD und ED kann schwierig sein, da beide Erkrankungen einen starken genetischen Faktor haben. Eine sorgfältige Zuchtplanung, die Vermeidung von Überbelastung bei jungen Hunden und das Halten eines gesunden Gewichts können jedoch dazu beitragen, das Risiko zu verringern.

Allergien: Anzeichen und Behandlungsmöglichkeiten

Allergien sind bei Hunden ein weit verbreitetes Problem und können durch eine Vielzahl von Substanzen ausgelöst werden, darunter Pollen, Schimmelpilze, Hausstaubmilben, bestimmte Lebensmittel und Flohspeichel. Bei einer Allergie reagiert das Immunsystem des Hundes überempfindlich auf eine ansonsten harmlose Substanz, die als Allergen bezeichnet wird. Dies führt zu einer Reihe von Symptomen, die von milden Hautirritationen bis hin zu schweren gesundheitlichen Problemen reichen können.

Anzeichen und Symptome von Allergien bei Hunden

Die Symptome einer Allergie bei Hunden können je nach Ursache der Allergie und individuellen Reaktion des Hundes variieren. Typische Anzeichen können jedoch Folgendes umfassen:

- Juckreiz und Kratzen, oft an bestimmten Stellen wie Ohren, Pfoten, Gesicht und Bauch
- Rötung und Entzündung der Haut
- Hefepilz- oder bakterielle Infektionen der Haut, die oft durch übermäßiges Kratzen verursacht werden
- Haarausfall oder Hautausschläge
- Ohrinfektionen
- Niesen, Husten oder andere Atembeschwerden
- Verdauungsprobleme wie Durchfall oder Erbrechen, insbesondere bei Nahrungsmittelallergien

Behandlung von Allergien bei Hunden

Die Behandlung von Allergien bei Hunden hängt von der Art der Allergie und der Schwere der Symptome ab. Einige gängige Behandlungsstrategien können Folgendes umfassen:

- Allergenvermeidung: Dies ist die effektivste Methode zur Behandlung von Allergien und beinhaltet die Identifizierung und Eliminierung der Allergie auslösenden Substanz aus der Umgebung des Hundes.
- Medikamente: Verschiedene Arten von Medikamenten können zur Behandlung von Allergiesymptomen bei Hunden verwendet werden, darunter Antihistaminika, Steroide und Cyclosporine.
- Immuntherapie: Bei dieser Behandlung wird der Hund regelmäßig mit kleinen Mengen des Allergens injiziert, um das Immunsystem allmählich an die Substanz zu gewöhnen und die allergische Reaktion zu reduzieren.
- Änderungen in der Ernährung: Wenn eine Nahrungsmittelallergie vermutet wird, kann eine Eliminationsdiät helfen, die spezifischen Lebensmittel zu identifizieren, die die Allergie auslösen.

Es ist wichtig zu beachten, dass die Behandlung von Allergien oft ein längerfristiger Prozess ist und Geduld erfordert. Zudem sollten alle Behandlungspläne in Absprache mit einem Tierarzt erstellt werden, um sicherzustellen, dass sie für den spezifischen Hund und seine Bedürfnisse geeignet sind.

Ekto- und Endoparasiten: Anzeichen und Behandlungsmöglichkeiten

Parasiten stellen eine erhebliche Bedrohung für die Gesundheit unserer Hunde dar. Sie können grob in zwei Kategorien unterteilt werden: Ektoparasiten, die auf der Haut oder im Fell des Hundes leben, und Endoparasiten, die im Inneren des Hundes leben. Jede Art von Parasit kann spezifische Symptome hervorrufen und erfordert spezifische Behandlungen.

Ektoparasiten

Zu den gängigen Ektoparasiten, die Hunde befallen können, gehören Flöhe, Zecken und Milben.

Anzeichen und Symptome:

- Juckreiz und Kratzen
- Rötung und Entzündung der Haut
- Haarausfall

- Beim Flohbefall können kleine, schnell bewegliche, dunkle Punkte im Fell des Hundes sichtbar sein
- Zecken sind oft als kleine, dunkle Klumpen auf der Haut des Hundes sichtbar

Endoparasiten

Zu den gängigen Endoparasiten gehören Herzwürmer, Hakenwürmer, Bandwürmer und Peitschenwürmer.

Anzeichen und Symptome:

- Gewichtsverlust
- Durchfall
- Erbrechen
- Husten
- Schwäche und Lethargie
- Im Falle von Herzwürmern können Symptome wie Atemnot, verminderte Ausdauer und sogar plötzlicher Tod auftreten

Behandlung

Die Behandlung von Parasitenbefall hängt von der Art des Parasiten ab, aber generell kann sie Folgendes umfassen:

Ektoparasiten-Behandlung:

Topische Behandlungen: Diese werden direkt auf die Haut des Hundes aufgetragen und können dazu beitragen, Parasiten abzutöten und zukünftigen Befall zu verhindern.
Oralmedikamente: Diese können helfen, Parasiten abzutöten und können oft einfacher anzuwenden sein als topische Behandlungen, insbesondere bei Hunden, die nicht gerne gebadet werden oder schwierig zu handhaben sind.
Umgebungsbehandlung: Bei starkem Befall kann es notwendig sein, das gesamte Zuhause des Hundes zu behandeln, um Parasiten abzutöten und zukünftigen Befall zu verhindern.

Endoparasiten-Behandlung:

Oralmedikamente: Diese sind die gängigste Behandlung für Endoparasiten und können dazu beitragen, Parasiten abzutöten und zukünftigen Befall zu verhindern.

Bei schwerem Befall kann eine Krankenhauseinweisung und intravenöse Flüssigkeitsbehandlung erforderlich sein, insbesondere wenn der Hund stark dehydriert ist oder an schwerem Durchfall oder Erbrechen leidet.
Vorbeugung ist der Schlüssel zur Vermeidung von Parasitenbefall. Regelmäßige Parasitenkontrollen durch Ihren Tierarzt sind unerlässlich, ebenso wie die Einhaltung von Impfplänen und der Einsatz von vorbeugenden Behandlungen gegen Parasiten, wie von Ihrem Tierarzt empfohlen.

Für Ektoparasiten, insbesondere Flöhe und Zecken, sind regelmäßige Fellkontrollen wichtig, besonders nach Spaziergängen in der Natur. Verwenden Sie gegebenenfalls ein Floh- und Zeckenschutzmittel, das auf die Haut des Hundes aufgetragen oder oral verabreicht wird. Es ist auch hilfreich, das Wohn- und Schlafgebiet des Hundes sauber und frei von Parasiten zu halten.

Bei Endoparasiten ist es wichtig, den Kot Ihres Hundes regelmäßig zu kontrollieren, insbesondere wenn Ihr Hund Durchfall hat oder ungewöhnliche Kotgewohnheiten zeigt. Stellen Sie sicher, dass Ihr Hund sauberes Wasser trinkt und nicht aus Pfützen oder stehenden Gewässern trinkt, da diese oft Parasiteneier enthalten können. Geben Sie Ihrem Hund regelmäßig Entwurmungsmittel, wie von Ihrem Tierarzt empfohlen.

Im Falle eines Befalls ist es wichtig, sofort einen Tierarzt zu konsultieren, um eine geeignete Behandlung zu beginnen und weitere Ansteckungen zu verhindern. Bei korrekter Behandlung und guter Prävention können die meisten parasitären Infektionen erfolgreich kontrolliert werden, um die Gesundheit und das Wohlbefinden Ihres Hundes zu schützen.

Die Sache mit der Läufigkeit

Die Läufigkeit ist ein natürlicher Aspekt im Leben jeder weiblichen Hündin und Teil ihres Fortpflanzungszyklus. Es ist ein Prozess, der mit der Geschlechtsreife beginnt und bis ins hohe Alter fortbesteht, sofern die Hündin nicht kastriert wurde. Dieser Artikel wird die Phasen der Läufigkeit, Anzeichen und mögliche Verhaltensänderungen während dieser Zeit beleuchten.

Der Zyklus der Läufigkeit bei Hündinnen läuft in vier Hauptphasen ab:

Proöstrus: Dies ist die erste Phase der Läufigkeit, die zwischen wenigen Tagen bis zu zwei Wochen dauern kann. In dieser Phase bereitet sich der Körper der Hündin auf eine mögliche Schwangerschaft vor. Sie beginnt zu bluten, und ihre Vulva schwillt an. Obwohl sie noch nicht bereit für die Paarung ist, kann sie bereits das Interesse von Rüden wecken.

Östrus: Dies ist die Phase, in der die Hündin empfängnisbereit ist und oft als „Hitze" bezeichnet wird. Sie dauert etwa neun Tage, kann aber zwischen vier und vierzehn Tagen variieren. Das blutige Sekret wird in dieser Phase heller und wässriger, und die Hündin zeigt wahrscheinlich Interesse an Rüden.

Metöstrus (oder Diöstrus): In dieser Phase, die etwa zwei Monate dauert, ist die Hündin nicht mehr empfängnisbereit. Ihr Körper geht davon aus, dass sie trächtig ist, unabhängig davon, ob dies tatsächlich der Fall ist. Das bedeutet, dass ihr Körper Progesteron produziert, ein Hormon, das für die Aufrechterhaltung einer Schwangerschaft benötigt wird.

Anöstrus: Dies ist die Ruhephase zwischen den Zyklen. Sie kann mehrere Monate dauern und ist die einzige Phase, in der der Körper der Hündin nicht auf Reproduktion ausgerichtet ist.

Die Läufigkeit kann das Verhalten einer Hündin stark beeinflussen. Sie kann während dieser Zeit besonders anhänglich sein oder im Gegenteil eher unabhängig und distanziert wirken. Einige Hündinnen können auch ängstlicher oder reizbarer als gewöhnlich sein. Es ist wichtig, sich daran zu erinnern, dass jede Hündin individuell auf die Läufigkeit reagiert.

Die Läufigkeit kann auch gesundheitliche Auswirkungen haben. Während der Läufigkeit sind Hündinnen anfälliger für Infektionen der Gebärmutter, wie die Pyometra. Es besteht auch ein erhöhtes Risiko für bestimmte Arten von Brustkrebs. Wenn Sie nicht planen, mit Ihrer Hündin zu züchten, kann eine Kastration in Betracht gezogen werden, um diese Risiken zu vermindern.

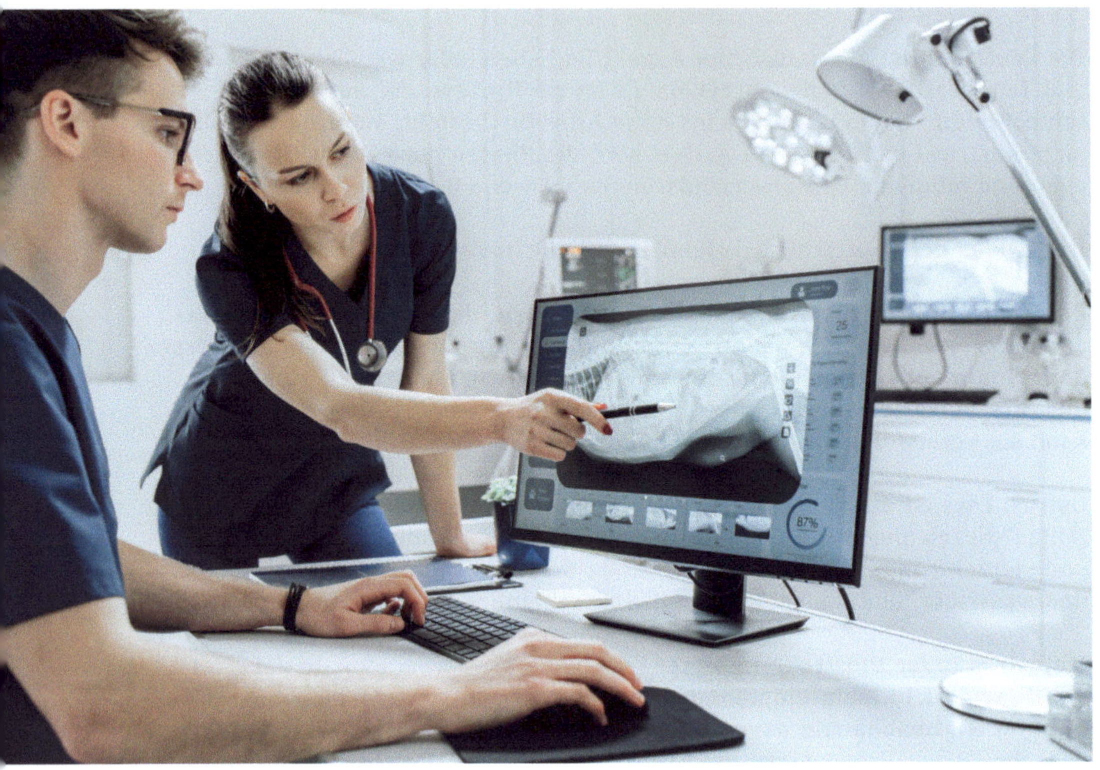

Typisch aber nicht zwangsläufig.

Der Podenco ist eine robuste und widerstandsfähige Hunderasse, die aufgrund ihrer jahrhundertelangen Zucht für die Jagd in schwierigen Bedingungen oft eine gute Gesundheit aufweist. Dennoch gibt es bestimmte gesundheitliche Probleme und rassespezifische Krankheiten, die bei Podencos häufiger auftreten können.

Das Bewusstsein und die frühzeitige Erkennung dieser Erkrankungen können dazu beitragen, dass Ihr Podenco ein gesundes und glückliches Leben führt.

Hüftdysplasie

Beschreibung: Hüftdysplasie ist eine erbliche Erkrankung, bei der das Hüftgelenk nicht richtig in die Hüftpfanne passt. Dies kann zu Schmerzen und

Arthritis führen.

Symptome: Lahmheit, Schwierigkeiten beim Aufstehen, Unwillen zu rennen oder zu springen, verändertes Gangbild.

Behandlung: Abhängig vom Schweregrad können konservative Behandlungen wie Schmerzmittel, physiotherapeutische Übungen und Gewichtsmanagement eingesetzt werden. In schweren Fällen kann eine chirurgische Intervention erforderlich sein.

Augenkrankheiten

Beschreibung: Podencos können anfällig für verschiedene Augenprobleme sein, einschließlich Katarakte, Progressive Retinaatrophie (PRA) und Glaukom.

Symptome: Trübung der Augenlinse, Sehverlust, ungewöhnliches Blinzeln, Rötung oder Tränenfluss.

Behandlung: Regelmäßige Augenuntersuchungen beim Tierarzt sind wichtig. Behandlungen können von medikamentöser Therapie bis hin zu chirurgischen Eingriffen reichen, abhängig von der spezifischen Erkrankung.

Ohreninfektionen

Beschreibung: Podencos haben oft große, aufrechte Ohren, die anfällig für Infektionen sein können, besonders wenn sie viel Zeit im Freien verbringen und Schmutz oder Feuchtigkeit in die Ohren gelangen.

Symptome: Kratzen an den Ohren, Kopfneigen, unangenehmer Geruch, Ausfluss aus den Ohren.

Behandlung: Regelmäßige Reinigung und Pflege der Ohren können Infektionen vorbeugen. Bei Anzeichen einer Infektion sollte ein Tierarzt aufgesucht werden, der entsprechende Medikamente verschreiben kann.

Hautprobleme

Beschreibung: Allergien und Hautprobleme können bei Podencos auftreten, insbesondere in Form von Dermatitis oder atopischer Dermatitis.

Symptome: Juckreiz, Rötungen, Hautausschlag, Haarausfall.

Behandlung: Identifizierung und Vermeidung von Allergenen, medikamentöse Behandlungen wie Antihistaminika oder Kortikosteroide und regelmäßige Hautpflege.

Zahnprobleme

Beschreibung: Zahnprobleme wie Zahnsteinbildung und Zahnfleischentzündungen sind bei Podencos nicht ungewöhnlich.

Symptome: Mundgeruch, Schwierigkeiten beim Kauen, Zahnverlust, Zahnfleischbluten.

Behandlung: Regelmäßige Zahnpflege durch Bürsten der Zähne und professionelle Zahnreinigungen beim Tierarzt. Zahnpflegeknochen und spezielle Diäten können ebenfalls helfen, Zahnprobleme zu vermeiden.

Schilddrüsenunterfunktion (Hypothyreose)

Beschreibung: Eine Unterfunktion der Schilddrüse kann bei Podencos auftreten, was zu einer Reihe von gesundheitlichen Problemen führen kann.

Symptome: Gewichtszunahme, Lethargie, Haarausfall, Hautprobleme.

Behandlung: Die Behandlung umfasst in der Regel die Gabe von Schilddrüsenhormonersatzmitteln und regelmäßige Bluttests zur Überwachung der Schilddrüsenfunktion.

Autoimmunerkrankungen

Beschreibung: Podencos können, wie viele andere Rassen auch, an Autoimmunerkrankungen leiden, bei denen das Immunsystem des Hundes eigene Zellen angreift.

Symptome: Diese können variieren, umfassen aber oft Hautprobleme, Fieber, Gelenkschmerzen und allgemeine Schwäche.

Behandlung: Autoimmunerkrankungen erfordern in der Regel eine langfristige medizinische Betreuung, oft mit Immunsuppressiva und anderen Medikamenten.

Leishmaniose

Beschreibung: Besonders in mediterranen Ländern ist die durch Sandmücken übertragene Leishmaniose eine ernstzunehmende Erkrankung.

Symptome: Hautgeschwüre, Haarausfall, Gewichtsverlust, Nierenprobleme.

Behandlung: Eine frühzeitige Diagnose ist entscheidend. Die Behandlung kann langwierig und teuer sein, umfasst aber oft die Gabe von speziellen Medikamenten und regelmäßigen Bluttests.

Eine regelmäßige tierärztliche Betreuung, eine ausgewogene Ernährung, ausreichende Bewegung und eine gute Pflege können dazu beitragen, viele dieser Probleme zu verhindern oder frühzeitig zu erkennen und zu behandeln.

Ihr Podenco wird alt.

Das Altern ist ein natürlicher Prozess, der jeden lebenden Organismus betrifft, einschließlich unserer geliebten Hunde. Wie Menschen durchlaufen auch Hunde verschiedene Stadien im Leben, von der Welpenzeit über die Adoleszenz bis hin zum Erwachsenenalter und schließlich zum Alter. Während diese Phase mit gewissen Herausforderungen verbunden ist, bringt sie auch eine einzigartige Freude und Zufriedenheit mit sich. In diesem Artikel werden wir uns darauf konzentrieren, was es bedeutet, einen älteren Hund zu haben, und wie Sie Ihren vierbeinigen Freund in dieser Phase optimal unterstützen können.

Erkennung des Alterns bei Hunden
Das Alter, in dem ein Hund als „alt" gilt, variiert je nach Rasse und Größe des Hundes. Kleinere Hunde tendieren dazu, länger zu leben und gelten oft erst ab einem Alter von etwa 10-12 Jahren als Senior. Es ist wichtig zu beachten,

Umrechnungstabelle Hunde-/Menschenalter

Hundealter	Riesenrassen über 45 kg	Mittlere Rassen 15 - 45 kg	Kleine Rassen bis 15 kg
0,5	8	10	15
1	14	18	20
1,5	18	21	24
2	22	27	28
3	31	33	32
4	40	39	36
5	49	45	40
6	58	51	44
7	67	57	48
8	76	63	52
9	85	69	56
10	94	75	60
11	100	80	64
12		85	68
13		90	72
14		95	76
15		100	80
16			84
17			88
18			92
19			96
20			100

dass das Alter allein nicht unbedingt den Gesundheitszustand oder die Vitalität eines Hundes bestimmt. Viele ältere Hunde bleiben bis ins hohe Alter aktiv und gesund.

Einige Anzeichen, dass Ihr Hund älter wird, können beinhalten:

- Verminderte Aktivität oder Energie
- Veränderungen im Schlafmuster
- Gewichtszunahme oder -verlust
- Verminderte Seh- oder Hörleistung
- Veränderungen im Fell, wie z.B. Graufärbung oder erhöhter Haarausfall
- Veränderungen im Verhalten oder der Persönlichkeit
- Schwierigkeiten beim Aufstehen, Laufen oder Springen

Gesundheitliche Herausforderungen älterer Hunde

Mit dem Alter können verschiedene gesundheitliche Herausforderungen auftreten. Einige häufige Erkrankungen bei älteren Hunden sind:

- Arthritis: Diese entzündliche Erkrankung der Gelenke ist besonders bei älteren Hunden verbreitet und kann Schmerzen und Bewegungseinschränkungen verursachen.
- Zahnprobleme: Ohne regelmäßige Zahnpflege können sich im Laufe der Zeit Zahnstein und Zahnfleischerkrankungen entwickeln, die Schmerzen und Schwierigkeiten beim Fressen verursachen können.
- Herzerkrankungen: Mit zunehmendem Alter steigt das Risiko für Herzerkrankungen wie Herzinsuffizienz.
- Krebs: Ältere Hunde haben ein erhöhtes Risiko für verschiedene Arten von Krebs.
- Nieren- und Lebererkrankungen: Diese Organe können im Laufe der Jahre Schäden erleiden, was zu einer verminderten Funktion führen kann.
- Kognitive Dysfunktion: Ähnlich wie bei der Alzheimer-Krankheit beim Menschen können ältere Hunde Anzeichen von Verwirrung und Desorientierung zeigen.

Pflege und Unterstützung für ältere Hunde

Trotz der Herausforderungen, die das Alter mit sich bringt, gibt es viele Möglichkeiten, wie Sie Ihrem älteren Hund helfen können, ein glückliches und gesundes Leben zu führen.

Ernährung

Die Ernährungsbedürfnisse älterer Hunde unterscheiden sich von denen jüngerer Hunde. Ältere Hunde haben in der Regel einen langsameren Stoffwechsel und benötigen daher weniger Kalorien, um eine Gewichtszunahme zu vermeiden. Gleichzeitig können sie von einer Ernährung profitieren, die reich an hochwertigen Proteinen und Ballaststoffen ist und einen moderaten Fettgehalt hat. In einigen Fällen können spezielle Diäten oder Nahrungsergänzungsmittel hilfreich sein, insbesondere wenn Ihr Hund bestimmte gesundheitliche Probleme hat. Eine professionelle Ernährungsberatung kann dabei helfen, den individuellen Ernährungsbedarf Ihres älteren Hundes zu bestimmen.

Bewegung

Trotz möglicher Mobilitätseinschränkungen benötigen ältere Hunde weiterhin regelmäßige Bewegung, um fit und gesund zu bleiben. Die Art und Dauer der Bewegung sollte an die körperliche Verfassung des Hundes angepasst werden. Kurze, sanfte Spaziergänge oder leichtes Spielen können oft gut vertragen werden. Schwimmen kann eine gute Alternative für Hunde mit Gelenkproblemen sein, da es ein gelenkschonendes Training ermöglicht. Denken Sie daran, dass Bewegung auch wichtig ist, um geistig fit zu bleiben, so dass Aktivitäten, die Denkarbeit erfordern, wie Suchspiele oder Training von Tricks, auch hilfreich sein können.

Medizinische Versorgung

Ältere Hunde sollten regelmäßig vom Tierarzt untersucht werden, um frühzeitig Krankheiten zu erkennen und zu behandeln. Abhängig von der Gesundheit Ihres Hundes könnten diese Untersuchungen halbjährlich oder jährlich stattfinden. Ihr Tierarzt kann Ihnen auch bei Fragen zur Ernährung, Bewegung und Pflege Ihres älteren Hundes behilflich sein.

Komfort und Pflege

Ältere Hunde können empfindlicher gegenüber Kälte und Hitze sein und benötigen daher einen warmen, bequemen Schlafplatz. Orthopädische Betten können besonders für Hunde mit Arthritis oder anderen Gelenkproblemen hilfreich sein. Eine regelmäßige Pflege, einschließlich Bürsten und Baden, kann dazu beitragen, das Fell und die Haut Ihres Hundes gesund zu halten. Besondere Aufmerksamkeit sollte der Mundpflege gewidmet werden, um Zahnproblemen vorzubeugen.

Aktivitäten müssen sein!

Der Podenco, bekannt für seine Geschwindigkeit und Wendigkeit, ist der perfekte Kandidat für eine Vielzahl von Hundesportarten.

Diese sportlichen Aktivitäten bieten nicht nur eine hervorragende Möglichkeit, die physischen und mentalen Fähigkeiten des Podenco zu fördern, sondern stärken auch die Bindung zwischen Hund und Halter.

- Hunderennen
- Discdogging oder Hundefrisbee
- Obedience
- Hundeschwimmen
- Flyball
- Agility

Hunderennen: Ein dynamischer Hundesport für Körper und Geist

Hunderennen, eine Form des Wettbewerbs, bei dem Hunde, insbesondere Windhunde, um die schnellste Zeit auf einer festgelegten Strecke konkurrieren, kombinieren die natürlichen Jagdinstinkte und die außergewöhnliche Geschwindigkeit dieser Tiere mit dem menschlichen Interesse an Sport und Wetten.

Diese Rennen haben eine lange Geschichte und sind weltweit in verschiedenen Formen verbreitet, wobei die beliebtesten Rassen, die an solchen Wettbewerben teilnehmen, Greyhounds, Whippets und Salukis sind.

Geschichte

Die Ursprünge des organisierten Hunderennens lassen sich bis ins 19. Jahrhundert zurückverfolgen, wobei die ersten modernen Windhundrennen auf einer Rennbahn in Großbritannien stattfanden. Diese frühen Rennen waren Coursing-Events, bei denen die Hunde lebende Beute jagten. Die Einführung von mechanischen Hasen in den frühen 1920er Jahren markierte den Beginn des Bahnrennens, wie wir es heute kennen, und bot eine tierfreundlichere Alternative zum Coursing.

Arten von Hunderennen

Bahnrennen: Die gängigste Form des Hunderennens, bei der Greyhounds einem mechanischen Hasen auf einer ovalen Bahn folgen. Diese Rennen sind hochorganisiert und werden in vielen Ländern streng reguliert.

Coursing: Beim Coursing verfolgen Hunde ein künstlich bewegtes Ziel über offenes Gelände. Es testet die Geschwindigkeit, Ausdauer und die Fähigkeit der Hunde, die Bewegungen ihrer Beute vorherzusagen.

Drag Hunting: Ähnlich wie Coursing, allerdings folgen die Hunde einer Duftspur statt eines Sichtziels.

Training und Vorbereitung
Die Vorbereitung von Hunden für Rennen erfordert umfangreiches Training und eine sorgfältige Gesundheitspflege. Training beginnt oft im Welpenalter, um Kondition, Geschwindigkeit und Ausdauer zu entwickeln. Eine ausgewogene Ernährung, regelmäßige tierärztliche Untersuchungen und spezifische Übungen sind entscheidend, um die Hunde in Topform zu halten.

Kontroversen und Tierschutz

Hunderennen waren und sind Gegenstand von Kontroversen, insbesondere wegen Bedenken hinsichtlich des Wohlergehens der Tiere. Kritiker weisen auf Verletzungen hin, die Hunde während der Rennen erleiden können, sowie auf das Schicksal vieler Greyhounds nach ihrer Rennkarriere.

In Reaktion darauf haben Tierschutzorganisationen und einige Regierungen Maßnahmen ergriffen, um die Sicherheit und das Wohlergehen der Rennhunde zu verbessern. Dies umfasst strengere Regulierungen, bessere medizinische Versorgung und Programme zur Vermittlung ausgedienter Rennhunde.

Zukunft des Hunderennens

Während das traditionelle Hunderennen in einigen Teilen der Welt an Popularität verliert und mit strengeren Regulierungen konfrontiert ist, bleibt es in anderen Gebieten eine beliebte Freizeitbeschäftigung. Innovationen in der Rennorganisation, verbesserte Tierschutzstandards und ein wachsendes Bewusstsein für die Bedürfnisse der Hunde tragen dazu bei, die Zukunft des Sports zu gestalten.

Viele Rennbahnen bieten jetzt Bildungsprogramme und öffentliche Veranstaltungen an, um das Bewusstsein für die Rasse und die Bedeutung von Tierschutzmaßnahmen zu schärfen.

Hunderennen, einst eine einfache Demonstration der Jagdfähigkeiten eines Hundes, hat sich zu einem komplexen Sport entwickelt, der sowohl die physischen als auch die ethischen Aspekte der Tierpflege und -nutzung betrifft. Der Sport steht weiterhin im Mittelpunkt von Diskussionen über Tierwohl und Ethik, wobei der Schwerpunkt darauf liegt, ein Gleichgewicht zwischen Tradition und Tierschutz zu finden.

Agility: Ein dynamischer Hundesport für Körper und Geist

Agility ist ein Hundesport, der ursprünglich in England entstanden ist und sich seitdem weltweit zu einer der beliebtesten Hundesportarten entwickelt hat. Die Grundidee besteht darin, einen Hindernisparcours zu durchlaufen, wobei Geschwindigkeit und Präzision im Vordergrund stehen. Doch Agility ist mehr als nur ein Wettkampf - es ist eine großartige Möglichkeit, die Bindung zwischen Ihnen und Ihrem Hund zu stärken, gleichzeitig körperliche und geistige Fitness zu fördern und einfach Spaß zu haben.

Was ist Agility?

Im Agility führt ein Hundeführer seinen Hund durch einen Parcours aus verschiedenen Hindernissen. Diese können u.a. Hürden, Tunnel, Wippen, Slalomstangen und Stege beinhalten.

Der Hund soll diese Hindernisse in einer bestimmten Reihenfolge und so schnell wie möglich, aber ohne Fehler, überwinden. Dabei ist der Hundeführer nicht nur für die Navigation des Parcours verantwortlich, sondern auch dafür, seinen Hund durch Körpersprache und verbale Kommandos zu führen.

Vorteile von Agility

Agility bietet zahlreiche Vorteile für Sie und Ihren Hund:

Körperliche Fitness:

Agility ist ein intensiver Sport, der sowohl Ausdauer als auch Geschicklichkeit fördert. Ihr Hund wird durch den Parcours rennen, springen, kriechen und balancieren, was zur Stärkung der Muskulatur, Verbesserung der Koordination und Förderung der körperlichen Fitness beiträgt.

Geistige Stimulation:

Bei Agility geht es nicht nur um körperliche Aktivität. Ihr Hund muss auch lernen, Kommandos zu verstehen und auf Ihre Anweisungen zu reagieren, was geistige Agilität und Konzentrationsfähigkeit erfordert.

Bindung:

Durch das gemeinsame Training und die Arbeit im Team können Sie eine tiefe Bindung zu Ihrem Hund aufbauen. Ihr Hund lernt, auf Ihre Anweisungen zu

Agility Parcour.

hören und Ihnen zu vertrauen, während Sie lernen, die Körpersprache und die Bedürfnisse Ihres Hundes besser zu verstehen.

Sozialisierung:

Agility-Kurse und -Wettbewerbe sind oft gesellige Veranstaltungen, bei denen Sie andere Hundefreunde treffen können. Dies bietet auch Ihrem Hund die Möglichkeit, andere Hunde und Menschen kennenzulernen.

Spaß:

Nicht zuletzt macht Agility einfach Spaß! Die Freude und Begeisterung, die Hunde beim Durchlaufen des Parcours zeigen, sind ansteckend und machen diesen Sport zu einer unterhaltsamen Aktivität für alle Beteiligten.

Ist mein Hund für Agility geeignet?

Grundsätzlich kann jeder gesunde Hund Agility betreiben. Allerdings sollte er ein gewisses Grundmaß an Gehorsam mitbringen und in der Lage sein, grundlegende Kommandos zu befolgen.

Zudem sollte er gesund und in guter körperlicher Verfassung sein, da Agility eine hohe körperliche Belastung darstellt.

Einige Rassen, insbesondere Arbeitshunde wie Collies oder Australian Shepherds, haben eine natürliche Begabung für diesen Sport, aber im Grunde kann jeder Hund, unabhängig von Rasse oder Größe, an Agility-Training teilnehmen und Freude daran finden.

Dein Podenco ist von seinen Anlagen her bestens für diesen Sport geeignet!

Bevor Sie mit dem Agility-Training beginnen, sollten Sie Ihren Hund von einem Tierarzt untersuchen lassen, um sicherzustellen, dass er gesund genug für diese Art von körperlicher Aktivität ist. Besonders bei jungen Hunden ist es wichtig, sicherzustellen, dass ihre Knochen und Gelenke vollständig entwickelt sind, bevor sie mit intensiven Sprungübungen beginnen.

Wie fange ich mit Agility an?

Der beste Weg, um mit Agility zu beginnen, ist der Besuch eines Agility-Kurses oder -Workshops. Ein erfahrener Trainer kann Ihnen und Ihrem Hund die Grundlagen beibringen und sicherstellen, dass Sie die Übungen sicher und korrekt ausführen. Er kann Ihnen auch dabei helfen, Ihre Technik zu verbessern und Ihren Hund effektiv zu führen.

Ein Agility-Parcours kann zunächst überwältigend wirken, aber keine Sorge - Sie und Ihr Hund werden schrittweise an die verschiedenen Hindernisse herangeführt. Normalerweise beginnen Sie mit einfacheren Übungen und fügen nach und nach mehr Hindernisse und komplexere Sequenzen hinzu, sobald Sie und Ihr Hund sich sicherer fühlen.

Es ist wichtig, dass das Training immer positiv und spielerisch gestaltet wird. Loben Sie Ihren Hund, wenn er ein Hindernis erfolgreich überwindet, und ermutigen Sie ihn, auch wenn er Schwierigkeiten hat. Ihr Ziel sollte es sein, dass Ihr Hund Agility als ein lustiges Spiel ansieht, nicht als eine anstrengende Arbeit.

Fazit

Agility ist ein aufregender und anspruchsvoller Sport, der Ihnen und Ihrem Hund viele Vorteile bietet. Es fördert nicht nur körperliche Fitness und geistige Stimulation, sondern stärkt auch die Bindung zwischen Ihnen und Ihrem Hund und bietet viele Möglichkeiten für Spaß und Geselligkeit.

Egal, ob Sie nur zum Spaß trainieren oder an Wettbewerben teilnehmen möchten, Agility ist eine großartige Aktivität für Sie und Ihren vierbeinigen Freund.

Obedience: Eine hochdisziplinierte Hundesportart

Obedience ist eine Hundesportart, die auf Gehorsam und präzise Ausführung
von Übungen basiert. Der Name „Obedience" stammt aus dem Englischen und
bedeutet Gehorsam, was gut den Geist dieser Disziplin widerspiegelt. Es handelt sich dabei um eine hochdisziplinierte Form der Hundeausbildung, bei der
es auf Präzision, Synchronisation und den harmonischen Umgang zwischen
Hund und Mensch ankommt.

Was ist Obedience?
Bei Obedience-Wettbewerben führen Hund und Halter eine Reihe von Übungen aus, die auf die enge Zusammenarbeit zwischen den beiden abzielen. Die
Übungen umfassen sowohl Grundkommandos wie „Sitz", „Platz" und „Bleib",
als auch komplexere Aufgaben wie Apportieren, Richtungswechsel auf Kommando, Identifizierung und Wiedererlangung von Gegenständen oder das
Befolgen von Kommandos auf Distanz.

Es gibt verschiedene Leistungsstufen in Obedience-Wettbewerben, von Ein-
steigerklassen bis hin zu sehr fortgeschrittenen Klassen. Die Schwierigkeit
und Komplexität der Übungen steigen mit den höheren Leistungsstufen.

Die Bewertung bei Obedience-Wettbewerben basiert auf der Genauigkeit
der Ausführung, der Geschwindigkeit und der Harmonie zwischen Hund und
Halter. Punkte können abgezogen werden, wenn der Hund nicht genau auf
die Signale des Halters reagiert, wenn er abgelenkt oder unsicher wirkt oder
wenn der Halter seine Anweisungen wiederholen muss.

Wie fange ich mit Obedience an?
Das Training für Obedience kann bereits im Welpenalter beginnen, indem die
Grundkommandos wie „Sitz", „Platz" und „Komm" eingeführt werden. Ein
gutes Grundgehorsam ist die Basis für alle weiteren Obedience-Übungen.

Es wird empfohlen, sich einer Hundeschule oder einem Hundeverein anzu-
schließen, der Obedience-Kurse anbietet. Dort können Sie unter Anleitung
erfahrener Trainer lernen und Ihr Training mit anderen Hundehaltern teilen.

Das Training sollte immer positiv und motivierend gestaltet sein. Belohnungen in Form von Leckerlis, Spielzeug oder Lob sind wichtig, um den Hund zu
ermutigen und seine Motivation aufrechtzuerhalten.

Fazit

Obedience ist mehr als nur eine Hundesportart - es ist eine Philosophie der Zusammenarbeit und des Respekts zwischen Hund und Mensch. Es fördert nicht nur den Gehorsam und die Disziplin des Hundes, sondern auch seine geistige Auslastung und die Bindung zu seinem Halter. Gleichzeitig stellt es eine anspruchsvolle und bereichernde Aufgabe für den Halter dar, die viel Geduld, Konsequenz und Verständnis für die Bedürfnisse und Fähigkeiten seines Hundes erfordert.

Discdogging: Spielerische Akrobatik für Hund und Mensch

Discdogging, auch bekannt als Frisbee für Hunde, ist eine dynamische und
aufregende Hundesportart, die auf der ganzen Welt immer beliebter wird.
Diese Aktivität verbindet das Spiel und die Ausbildung Ihres Hundes auf
spielerische Weise und stärkt gleichzeitig die Bindung zwischen Ihnen beiden.
Der Sport ist für alle Hunderassen geeignet, solange der Hund gesund und in
guter körperlicher Verfassung ist.

Was ist Discdogging?
Discdogging ist eine Hundesportart, bei der Hunde geführte Würfe mit einer
Frisbee-Scheibe fangen. Der Hundebesitzer wirft die Scheibe, und der Hund
muss sie fangen, oft nachdem er mehrere akrobatische Sprünge und andere
Manöver ausgeführt hat.

Es gibt verschiedene Disziplinen im Discdogging, darunter Toss & Fetch, Freestyle und Long Distance. In der Toss & Fetch Disziplin hat der Mensch-Hund-
Team eine Minute Zeit, so viele Würfe wie möglich zu machen, und Punkte
werden basierend darauf vergeben, wie weit der Wurf ging und ob der Hund
die Scheibe gefangen hat. Freestyle erfordert hingegen eine Choreographie
mit Musik, bei der eine Vielzahl von Tricks und Würfen gezeigt wird. Long
Distance ist ein Wettbewerb, bei dem es darum geht, die Scheibe so weit wie
möglich zu werfen und der Hund sie fangen muss.

Wie fange ich mit Discdogging an?
Der Einstieg in das Discdogging ist relativ einfach und erfordert keine spe-
zielle Ausrüstung außer einer geeigneten Hundefrisbee. Es ist wichtig, eine
Frisbee zu verwenden, die für Hunde entwickelt wurde, da herkömmliche
Frisbees zu hart sein können und den Mund Ihres Hundes verletzen können.

Für Anfänger ist es ratsam, mit einfachen Würfen zu beginnen und sicherzustellen, dass Ihr Hund das Prinzip des Spiels versteht und Freude daran hat.
Von dort aus können Sie allmählich komplexere Würfe und Tricks einführen.

Es ist wichtig, darauf zu achten, dass Ihr Hund während des Trainings und
des Spiels nicht überanstrengt wird. Stellen Sie sicher, dass Ihr Hund gut auf-
gewärmt ist und Pausen macht, um zu verhindern, dass er sich verletzt.

Fazit

Discdogging ist ein toller Sport für Hunde, die viel Energie und eine natürliche Neigung zum Apportieren haben. Es ist eine ausgezeichnete Möglichkeit, Ihren Hund geistig und körperlich zu fordern und gleichzeitig Spaß zu haben. Aber denken Sie daran, immer die Sicherheit Ihres Hundes an erster Stelle zu setzen und ihn nicht zu überfordern.

Mit Geduld und Übung kann Discdogging eine sehr lohnende Aktivität für Sie und Ihren Hund sein.

Hundeschwimmen: Gesundes Vergnügen für Ihren vierbeinigen Freund

Hundeschwimmen ist eine erfrischende und gesunde Aktivität, die nicht nur Ihrem Hund, sondern auch Ihnen als Hundebesitzer Freude bereiten kann. In diesem ausführlichen Text werden wir die Vorteile des Hundeschwimmens, Sicherheitstipps und die besten Orte für diese Aktivität erörtern.

Die Vorteile des Hundeschwimmens:
Gesundheitliche Vorteile: Schwimmen ist eine hervorragende Übung für Hunde. Es stärkt ihre Muskeln, verbessert die Beweglichkeit der Gelenke und fördert die Ausdauer. Aufgrund des geringen Gewichts im Wasser ist es auch besonders schonend für Hunde mit Gelenkproblemen oder Übergewicht.

Abkühlung: Hunde können Schwimmen als Möglichkeit nutzen, sich an heißen Tagen abzukühlen. Das kühle Wasser bietet eine willkommene Erfrischung und verhindert Überhitzung.

Spaß und mentale Stimulation: Schwimmen ist nicht nur körperlich anregend, sondern auch geistig befriedigend. Hunde müssen ihre Bewegungen im Wasser koordinieren, was ihre kognitiven Fähigkeiten herausfordert.

Soziale Interaktion: Wenn Sie Ihren Hund an einen öffentlichen See oder Strand mitnehmen, kann er auch die Gelegenheit nutzen, mit anderen Hunden zu spielen und soziale Kontakte zu knüpfen.

Sicherheitstipps für das Hundeschwimmen:
Schwimmfähigkeiten: Nicht alle Hunde können von Natur aus schwimmen. Bevor Sie Ihren Hund ins Wasser lassen, sollten Sie sicherstellen, dass er schwimmen kann. Manche Rassen haben aufgrund ihrer Anatomie Schwierigkeiten beim Schwimmen. Schwimmwesten können eine gute Unterstützung bieten, insbesondere für Welpen oder Hunde mit geringer Erfahrung im Wasser.
Supervision: Lassen Sie Ihren Hund nie unbeaufsichtigt im Wasser. Selbst Hunde, die gut schwimmen können, können in Schwierigkeiten geraten. Halten Sie immer ein wachsames Auge auf Ihren Vierbeiner.

Langsame Einführung: Wenn Ihr Hund noch nie geschwommen hat, ist es wichtig, ihn behutsam ans Wasser zu gewöhnen. Beginnen Sie mit flachem Wasser und lassen Sie ihn langsam Vertrauen zum Schwimmen entwickeln.
Vorsicht vor Strömungen: Achten Sie auf Strömungen, insbesondere in Flüssen oder am Meer. Selbst starke Schwimmer können von starken Strömungen mitgerissen werden.

Süßwasser vs. Salzwasser: Salzwasser kann für Hunde irritierend sein, insbesondere wenn sie es trinken. Nach dem Schwimmen sollte Ihr Hund immer mit sauberem Süßwasser abgespült werden.

Die besten Orte für Hundeschwimmen:
Strände: Viele Strände erlauben Hunde, ins Wasser zu gehen, und bieten speziell ausgewiesene Bereiche für Hunde.
Seen und Teiche: Stauseen, Flüsse und Teiche sind oft ausgezeichnete Orte für Hundeschwimmen, vorausgesetzt, sie sind sicher und sauber.
Hundeschwimmbäder: In einigen Gebieten gibt es spezielle Hundeschwimmbäder, die eine kontrollierte Umgebung für das Schwimmen bieten.
Private Pools: Wenn Sie über einen eigenen Pool verfügen, kann das Schwimmen mit Ihrem Hund eine großartige Möglichkeit sein, Zeit zusammen zu verbringen.

Flyball: Der Staffellauf

Flyball ist eine aufregende und dynamische Mannschaftssportart für Hunde, die sowohl die körperlichen Fähigkeiten als auch die Intelligenz der teilnehmenden Tiere herausfordert. Ursprünglich in den späten 1960er Jahren in Kalifornien entwickelt, hat sich Flyball seitdem international verbreitet und ist besonders bei Hundebesitzern beliebt, die eine aktive und gesellige Beschäftigung für ihre Vierbeiner suchen.

Grundkonzept des Flyball

Flyball kombiniert Elemente des Staffellaufs und des Hindernislaufs. In diesem Teamsport treten zwei Mannschaften gegeneinander an. Jedes Team besteht aus vier Hunden, die so schnell wie möglich über eine Reihe von Hürden zu einem Flyball-Box genannten Gerät laufen, dort einen Tennisball auslösen und mit diesem im Maul zurück über die Hürden zum Start/Zielbereich rennen. Die Staffelübergabe von einem Hund zum nächsten ist ein kritischer Aspekt des Spiels und erfordert Präzision und Timing.

Die Ausrüstung

Flyball-Box: Das zentrale Element des Flyball ist die Box, die am Ende der Hürdenbahn steht. Sie ist mit einem Mechanismus ausgestattet, der es dem Hund ermöglicht, durch einen Druck mit der Pfote einen Tennisball auszulösen.
Hürden: Die Hürden sind so aufgestellt, dass sie den Hunden eine gerade Laufbahn bieten. Ihre Höhe richtet sich nach der Schulterhöhe des kleinsten Hundes im Team, was den Sport auch für kleinere Rassen zugänglich macht.
Tennisbälle: Standard-Tennisbälle sind das Objekt, das die Hunde apportieren müssen. Sie sind robust genug, um wiederholten Spieleinsätzen standzuhalten.

Training und Vorbereitung

Das Training für Flyball erfordert Geduld und systematische Übungen. Es beginnt mit Grundgehorsam und der Einführung in die einzelnen Elemente des Spiels, wie das Überwinden von Hürden und das Bedienen der Flyball-Box. Die Hunde müssen lernen, sich auf ihre Aufgaben zu konzentrieren und gleichzeitig in der aufregenden und oft lauten Umgebung eines Turniers ruhig zu bleiben.

Ein wichtiger Aspekt des Trainings ist das Timing der Staffelübergaben. Die Hunde müssen genau im richtigen Moment starten, um den Staffelstab (in diesem Fall den Tennisball) vom zurückkehrenden Teammitglied zu übernehmen, ohne dabei Fehler zu machen, die Zeitstrafen nach sich ziehen könnten.

Flyball bietet zahlreiche Vorteile für Hunde und ihre Besitzer:

Körperliche Fitness: Der Sport fördert die Ausdauer, Agilität und Schnelligkeit der Hunde.

Mentale Stimulation: Die schnellen und präzisen Abläufe im Flyball fordern die Konzentration und Intelligenz der Hunde heraus.

Soziale Interaktion: Flyball ist ein Teamsport, der nicht nur den Hunden, sondern auch ihren Besitzern die Möglichkeit gibt, sich mit Gleichgesinnten zu treffen und soziale Kontakte zu pflegen.

Stärkung der Mensch-Tier-Bindung: Die gemeinsame Teilnahme an Training und Wettbewerben vertieft die Beziehung zwischen Hund und Halter.

Zielobjektsuche (ZOS): Der Weg zur erfolgreichen Suche und Anzeige

Die Zielobjektsuche, häufig auch als ZOS bezeichnet, ist eine faszinierende
Disziplin für Hunde und ihre Halter. Sie erfordert Konzentration, Koordination und vor allem die Fähigkeit des Hundes, Gerüche zu identifizieren und
zu verfolgen. Die ZOS ist eine hervorragende Möglichkeit, um die natürlichen
Instinkte eines Hundes zu fördern und seine geistigen und körperlichen Fähigkeiten zu fordern.

Was ist Zielobjektsuche?
In der ZOS lernt der Hund, bestimmte Gegenstände anhand ihres individuellen Geruchs zu suchen und anzuzeigen. Der Gegenstand kann fast alles sein,
von einer bestimmten Person bis hin zu einem spezifischen Objekt.

Der Hund wird darauf trainiert, den spezifischen Geruch zu identifizieren und
dem Pfad dieses Geruchs zu folgen, bis er das Zielobjekt erreicht hat. Sobald
der Hund das Ziel gefunden hat, wird er auf eine bestimmte Art und Weise
anzeigen, oft durch ein Sitz, Platz oder Steh, dass er das Objekt gefunden
hat.

Wie beginnt man mit der Zielobjektsuche?
ZOS kann mit Hunden aller Rassen und Altersgruppen durchgeführt werden.
Es wird empfohlen, mit einem erfahrenen Trainer oder in einer Gruppe zu be-
ginnen, um die grundlegenden Prinzipien und Techniken der ZOS zu erlernen.

Das Training beginnt normalerweise mit einfachen Aufgaben, bei denen der
Hund lernt, den spezifischen Geruch zu erkennen. Mit der Zeit wird das Training immer komplexer, indem der Gegenstand in verschiedenen Umgebungen
und unter verschiedenen Bedingungen versteckt wird.

Die positive Verstärkung spielt eine entscheidende Rolle in der ZOS. Wenn
der Hund das Zielobjekt findet und richtig anzeigt, wird er belohnt, oft mit
einem Leckerli oder Spielzeug. Dies fördert die Motivation und das Engagement des Hundes und hilft ihm, die Verbindung zwischen der Suche, dem
Finden und der Belohnung herzustellen.

Vorteile der Zielobjektsuche
ZOS bietet eine Vielzahl von Vorteilen für Hunde und ihre Halter. Sie fördert
die geistige und körperliche Stimulation des Hundes und bietet eine positive
und produktive Art, Energie abzubauen.

Darüber hinaus stärkt die ZOS die Bindung zwischen Hund und Halter.

Der Halter muss lernen, die Signale und Reaktionen seines Hundes zu lesen und darauf zu reagieren, was die Kommunikation und das Verständnis zwischen beiden fördert.

Schließlich kann die ZOS auch als wertvolles Hilfsmittel in verschiedenen professionellen Kontexten eingesetzt werden, von der Suche nach vermissten Personen bis hin zur Detektion von Drogen oder Sprengstoffen.

Zusammenfassend lässt sich sagen, dass die Zielobjektsuche eine herausfordernde und lohnende Aktivität ist, die sowohl den Hund als auch den Halter geistig und körperlich fordert und zugleich die Bindung zwischen ihnen stärkt.

Die schönste Zeit des Jahres.

Lassen Sie uns über das Thema Reisen mit Ihrem geliebten Podenco sprechen. Schließlich möchte keiner von uns ohne seinen vierbeinigen Begleiter verreisen, oder?! Wenn es irgendwie möglich ist, sollten Sie versuchen, Ihren vierbeinigen Kumpel während des Urlaubs bei einem guten Freund zu „parken", den er bereits kennt, anstatt ihn in einer Hundepension oder einem Hundehotel unterzubringen. Aber am allerbesten ist es, wenn Sie Ihre Reise so planen, dass Ihr Vierbeiner Sie begleiten kann. Schließlich möchte er auf jeden Fall bei Ihnen sein, auch während der Ferien. Und keine Sorge, es ist gar nicht so schwer, Ihren Hund mit in den Urlaub zu nehmen, solange Sie ein paar grundlegende Dinge beachten.

Wenn Sie mit Ihrem Hund in den Urlaub fahren, entscheiden sich die meisten von Ihnen für das Auto. Nur wenige wählen das Flugzeug oder die Bahn für die Reise. Das Auto bietet einfach so viele Vorteile: Sie können alles mitneh-

men, was Ihr Hund braucht, und haben alles griffbereit. Außerdem können Sie
selbst entscheiden, wann Sie Pausen machen und wie lange Sie sie machen.
Und auch am Urlaubsort bleiben Sie mobil. Aber bitte sorgen Sie unbedingt
dafür, dass Ihr Hund sicher im Auto untergebracht ist. Das ist wichtig für
seine und Ihre Sicherheit und außerdem Pflicht bei Autofahrten.

Mit dem Auto

Wenn Sie einen kleinen oder jungen Hund haben, können Sie ihn vor dem Bei-
fahrersitz auf dem Boden unterbringen. Aber achten Sie darauf, dass Ihr Bei-
fahrer genügend Beinfreiheit hat, sonst wird die Fahrt schnell unbequem. Es
gibt Hunde, denen schlecht wird, wenn sie während der Fahrt nicht aus dem
Fenster schauen können. Wenn Ihr Hund zu denen gehört, gehört er definitiv
auf den Rücksitz. Dort gilt auch für ihn die Anschnallpflicht. Es gibt verschiedene Gurtsysteme, die in praktisch jedes Auto passen. Sie geben Ihrem Hund
Halt und Bewegungsfreiheit. Sie können Sicherheitsgurte im Zoofachmarkt
oder online bei den bekannten Versandhändlern bekommen. Ach ja, besorgen
Sie sich am besten auch gleich eine Sicherheitsdecke, die zwischen den Vor-
der- und Rücksitzen angebracht wird. Sie verhindert, dass Ihr Hund während
der Fahrt nach vorne springt oder bei starkem Bremsen zwischen die Sitze
rutscht.

Nehmen Sie Rücksicht

Machen Sie spätestens alle 2 Stunden eine Pause, im Sommer vielleicht
sogar öfter. Leinen Sie Ihren Hund an, bevor Sie die Fahrzeugtür öffnen, und
machen Sie einen kleinen Spaziergang, damit er sich lösen kann. Bieten Sie
ihm auf jeden Fall frisches Wasser und einen gesunden Snack an. Hunde sind
besonders empfindlich gegen Hitze. Sorgen Sie also für frische, kühle Luft
im Auto, am besten über die Klimaanlage. Und fahren Sie nicht mit offenen
Fenstern oder im geöffneten Cabrio, damit sich Ihr Hund keinen Windzug
einfängt oder sogar aus dem Auto springt. Pflegen Sie einen sanften Fahrstil,
verzichten Sie auf ruckartiges Beschleunigen und scharfes Bremsen. Nehmen
Sie in den Kurven das Tempo etwas raus. Manche Hunde werden beim schnellen Fahren und den Geräuschen der Reifen sehr unruhig.

Mit dem Flugzeug

Die verschiedenen Fluggesellschaften haben unterschiedliche Regeln und
Tarife für die Mitnahme von Hunden, daher ist es wichtig, sich frühzeitig
darüber zu informieren. Große Hunde müssen in der Regel in einer speziellen
Transportbox im Frachtraum reisen, aber Ihr kleiner Welpe hat Glück! Kleine

Hunde bis zu einem Gewicht von etwa 8 kg dürfen oft als „Handgepäck" in einer Transporttasche mit in die Kabine genommen werden. Beachten Sie jedoch, dass die Plätze begrenzt sind, daher ist es ratsam, frühzeitig zu buchen. Die Unterbringung im Frachtraum kann für Ihren Hund extrem stressig sein und sollte nur in Ausnahmefällen und für längere Reisen in Betracht gezogen werden.

Mit der Bahn

Fast überall in Europa ist es erforderlich, für Bahnreisen mit Ihrem Hund zusätzlich ein Ticket im Kindertarif zu lösen, und in einigen Fällen zahlen Sie sogar den halben Preis Ihres eigenen Tickets. Kleine Hunde wie Ihr Welpe dürfen oft sogar kostenlos mitreisen, aber informieren Sie sich bitte vor der Reise bei der jeweiligen Bahngesellschaft. Beachten Sie, dass Hunde im Zugrestaurant keinen Zutritt haben und Ihr Podenco nur in den Schlaf- oder Liegewagen mitkommen darf, wenn Sie das gesamte Abteil mieten.

Der EU-Heimtierpass

Wenn Sie innerhalb der Europäischen Union reisen, ist der EU-Heimtierpass ein Muss. Sie erhalten ihn von Ihrem Tierarzt oder bereits beim Kauf von einem seriösen Züchter. Der Pass enthält Angaben zu Ihrem Hund, wie zum Beispiel den Impfstatus und die Mikrochip-Nummer. Seit Januar 2011 ist ein Mikrochip zur Identifikation obligatorisch, und eine Tätowierung reicht nicht mehr aus. Eine gültige Tollwutimpfung ist besonders wichtig und sollte mindestens 30 Tage vor der Reise durchgeführt worden sein. Sie darf nicht älter als 1 Jahr sein. Beachten Sie auch, dass es in einigen Ländern zusätzliche spezielle Anforderungen gibt, die sich von Zeit zu Zeit ändern können.

Worauf sollten Sie achten?

Unterkunft

Informieren Sie das Hotel oder die Ferienwohnung vor der Anreise darüber, dass Sie Ihren Hund mitbringen, und reservieren Sie einen Platz für seinen Korb sowie Futter- und Wassernäpfe. Um zu verhindern, dass Ihr Hund in der fremden Umgebung entwischt, halten Sie insbesondere die Zimmertür geschlossen. Sorgen Sie dafür, dass das Hotelpersonal Ihr Zimmer nicht betritt, wenn Ihr Hund dort alleine ist.

Gewohnheiten

Halten Sie sich am gewohnten Tagesrhythmus Ihres Hundes fest. Versuchen Sie, die Fütterungszeiten und Gassigänge nicht zu ändern.

Ernährung

Nehmen Sie ausreichend Fertigfutter mit, das Ihr Hund gewohnt ist, um ihm eine Futterumstellung zu ersparen. Falls Sie Ihren Hund roh füttern, sollten Sie auch am Urlaubsort entsprechendes Futter finden können.

Klima

Südliche Sonne mag für uns Menschen eine Wohltat und eine willkommene Abwechslung zu den vergleichsweise kühlen Temperaturen bei uns sein, aber für Hunde kann es eine ganz andere Geschichte sein. Planen Sie gemeinsame Aktivitäten daher am besten in die kühleren Tageszeiten, um Ihrem Podenco Unannehmlichkeiten zu ersparen.

Am Strand

Verbringen Sie mit Ihrem Hund nicht länger als zwei Stunden am Strand und bieten Sie ihm unbedingt einen schattigen Platz an. Stellen Sie sicher, dass er jederzeit Zugang zu frischem Wasser hat und spülen Sie sein Fell nach einem Bad im Meer immer mit Süßwasser ab. Achten Sie auf Strandverbote, da nicht überall Hunde erlaubt sind und es möglicherweise verschiedene Regeln für verschiedene Tageszeiten gibt.

Versicherung

Bevor Sie Ihre Reise antreten, überprüfen Sie, ob Ihre Tierhaftpflichtversicherung auch im Ausland gilt, und passen Sie den Versicherungsumfang gegebenenfalls an.

Registrierung

Spätestens jetzt ist es an der Zeit, Ihren Hund bei TASSO registrieren zu lassen. Die Registrierung ist genauso kostenlos wie der Suchdienst, falls Ihr Vierbeiner im Urlaub verloren gehen sollte.

Es versteht sich von selbst, dass Ihr Hund gechippt sein muss. Zusätzlich sollten Sie ihn mit einer Marke versehen lassen, auf der Ihre Heimat- und

Urlaubsadresse sowie Ihre Handynummer vermerkt sind. Dadurch kann er leichter zu Ihnen zurückgebracht werden, falls er mal ausbüchst.

Also, Sie reisefreudiger Hundebesitzer, mit den richtigen Vorbereitungen und ein wenig Planung können Sie Ihren Liebling ohne Probleme mit in den Urlaub nehmen. Egal ob mit dem Auto, dem Flugzeug oder der Bahn, achten Sie immer auf die Sicherheit und das Wohlbefinden Ihres Hundes während der Reise. Informieren Sie sich über die spezifischen Bestimmungen und sorgen Sie dafür, dass Sie alle erforderlichen Dokumente wie den EU-Heimtierpass griffbereit haben.

Vergessen Sie nicht, an alles zu denken, was Ihr Hund während des Urlaubs benötigt: sein gewohntes Futter, Wasser, Spielzeug, Körbchen und alles, was ihm ein Gefühl von Zuhause vermittelt. Planen Sie Pausen ein, lassen Sie Ihren Hund ausreichend Gassi gehen und sorgen Sie für frische Luft und angemessene Temperaturen im Fahrzeug. Beachten Sie die Strandregeln und sorgen Sie dafür, dass Ihr Hund jederzeit gut versichert ist.

Mit diesen Tipps steht einem tollen Urlaub mit Ihrem Podenco nichts im Wege. Also packen Sie Ihre Koffer, schnappen Sie sich Ihren vierbeinigen Begleiter und los geht's! Zusammen werden Sie unvergessliche Abenteuer erleben und eine großartige Zeit miteinander verbringen. Viel Spaß und gute Reise!

"Wer auch immer gesagt hat, Glück könne man nicht kaufen, hat vergessen, dass es ja Welpen gibt."
Gene Hill

So soll der Podenco sein.

Der Podenco ist eine faszinierende Hunderasse, die von der Fédération Cynologique Internationale (FCI) anerkannt ist.

Die FCI ist die weltweite Dachorganisation für Hundezucht, und sie legt die Standards für jede Rasse fest, um Einheitlichkeit und Qualität zu gewährleisten.

Der Rassestandard des Podenco definiert die idealen physischen Merkmale, das Temperament und das Verhalten dieser Rasse.

Allgemeines Erscheinungsbild

Der Podenco ist ein mittelgroßer bis großer Hund, der durch seine Eleganz, Schnelligkeit und Agilität besticht. Er hat ein schlankes, aber muskulöses

Erscheinungsbild und zeichnet sich durch seine aufrechte Haltung und wach-
same Ausstrahlung aus.

Kopf

Schädel: Lang und schmal, leicht gewölbt mit einer leichten Stirnfurche. Der
Schädel ist in Proportion zum Körper.
Stop: Wenig ausgeprägt, fast gerade Linie vom Schädel bis zur Nase.
Nase: Fleischfarben, groß und beweglich mit gut geöffneten Nasenlöchern.
Fang: Lang und schmal, sich zur Nase hin verjüngend, aber kräftig.
Lippen: Dünn und straff anliegend, ohne lose Haut.
Zähne: Vollständiges Scherengebiss, wobei die Zähne gerade und kräftig sind.

Augen

Form: Mandelförmig, leicht schräg gestellt.
Farbe: Bernsteinfarben bis hellbraun, ausdrucksstark und intelligent.
Lider: Gut anliegend, mit dunklen oder fleischfarbenen Rändern.

Ohren

Größe und Form: Groß, aufrecht und beweglich, dreieckig und spitz zulau-
fend.
Position: Hoch angesetzt, ständig in Bewegung, besonders wenn der Hund
aufmerksam ist.

Körper

Hals: Lang, muskulös und leicht gebogen, ohne Wamme.
Rücken: Gerade und kräftig, die Lendenpartie leicht gewölbt.
Brust: Tief, aber nicht sehr breit, mit gut gewölbten Rippen.
Bauchlinie: Deutlich aufgezogen, was den athletischen Charakter des Hundes
betont.

Gliedmaßen

Vorderhand: Gerade und parallel, gut bemuskelt mit leicht abfallenden Schul-
tern.
Hinterhand: Kräftig und muskulös, mit gut gewinkelten Knie- und Sprungge-
lenken.
Pfoten: Oval, kompakt mit gut geschlossenen Zehen und kräftigen Ballen.

Rute
Länge: Lang, bis mindestens zum Sprunggelenk reichend.
Form: Hoch angesetzt, in Ruhe hängend und in Bewegung leicht gebogen
oder sichelförmig getragen.

Fell
Beschaffenheit: Es gibt drei Felltypen:
Kurzhaarig: Glatt, dicht und fein.
Rauhaarig: Hart, rau und etwas länger.
Langhaarig: Weich, aber dicht.

Farbe:

Die häufigsten Farben sind einfarbig weiß, rot oder eine Kombination aus
beiden.

Bewegung

Gangwerk: Leichtfüßig, federnd und elegant. Der Podenco zeigt eine bemerkenswerte Wendigkeit und Ausdauer. Die Bewegungen sind fließend und harmonisch, mit guter Schubkraft aus der Hinterhand.

Temperament

Wesen: Der Podenco ist bekannt für seine Intelligenz, Wachsamkeit und Unabhängigkeit. Er ist ein passionierter Jäger, zeigt jedoch im Haus ein ruhiges und ausgeglichenes Verhalten. Diese Hunde sind loyal und liebevoll gegenüber ihren Familien, aber oft zurückhaltend gegenüber Fremden.

Verhalten

Der Podenco ist neugierig und aufmerksam, stets bereit zu arbeiten oder zu spielen. Er benötigt eine konsequente, aber liebevolle Erziehung und viel Bewegung, um glücklich und ausgeglichen zu sein.

Größe und Gewicht

Rüden: Schulterhöhe zwischen 55 und 64 cm, Gewicht zwischen 20 und 30 kg.
Hündinnen: Schulterhöhe zwischen 53 und 60 cm, Gewicht zwischen 18 und 28 kg.

Schlussbemerkungen

Der Rassestandard des Podenco nach FCI stellt sicher, dass die charakteristischen Merkmale dieser alten und geschätzten Rasse bewahrt und gefördert werden.

Ein Podenco, der diesen Standards entspricht, ist nicht nur ein hervorragender Jäger, sondern auch ein treuer und liebevoller Begleiter.

Durch die Einhaltung dieser Standards wird die Gesundheit, das Temperament und das Erscheinungsbild des Podenco auf hohem Niveau gehalten.

Ordnung muss sein – zum Wohl der Rasse!

Die Fédération Cynologique Internationale (FCI), yeah, das ist die internationale Supertruppe, die sich voll und ganz der Förderung und Entwicklung von Hunderassen verschrieben hat. Die haben's richtig drauf! Gegründet wurde die FCI 1911 in Belgien und hat ihren Hauptquartier in Thuin, Belgien. Da geht's richtig zur Sache!

Die FCI ist so 'ne Art Boss, der über nationale Hundeclubs aus der ganzen Welt aufpasst. Momentan hat die FCI Mitgliedsverbände aus 98 Ländern und Gebieten. Diese Mitgliedsverbände sind dafür verantwortlich, Hunderassen in ihrem Land zu züchten, zu schützen und zu registrieren. Die arbeiten eng mit der FCI zusammen, um Standards für die einzelnen Rassen festzulegen und zu fördern. Gemeinsam rocken sie die Hunde-Welt!
Die FCI hat über 360 Rassen voll anerkannt, das ist echt beeindruckend! Und die haben die Rassen in 10 coole Gruppen aufgeteilt, je nach Verwendungs-

zweck oder Herkunft. Da haben wir die Jäger, die Schäferhunde, die Terrier, die Pinscher, die Schnauzer, die Molosser, die Begleit- und Gesellschaftshunde, die Windhunde und die Nicht-Sportlichen Hunde. Ja, da ist für jeden was dabei!

Aber die FCI ist nicht nur für die Show da, nein, nein! Die setzen sich richtig für das Wohlbefinden und die Gesundheit der Hunde ein. Die haben da klare Richtlinien für Züchter und Halter, um sicherzustellen, dass die Hunde vernünftig gezüchtet, gehalten und geschützt werden. Respekt, FCI! Die kümmern sich auch um die Ausbildung von Züchtern, Trainern und Richtern. Da läuft alles wie geschmiert!

Und die FCI ist auch mega wichtig für die Hunde mit den internationalen Ambitionen. Die geben nämlich die offiziellen Ahnentafeln (so ‚ne Art Geburtsurkunde) raus, damit jeder sehen kann, dass ein Hund wirklich reinrassig ist und von einer bestimmten Zuchtlinie stammt. Ohne die Tafeln geht's nicht auf die großen Shows und Wettbewerbe, also ist das schon echt wichtiges Zeug!

Insgesamt spielt die FCI eine mega wichtige Rolle, wenn's um die Förderung und den Schutz von Hunderassen auf der ganzen Welt geht. Die sorgen dafür, dass die Hunde ordentlich gezüchtet, gehalten und geschützt werden und dass für jede Rasse klare Standards gelten. Damit wollen sie sicherstellen, dass unsere felligen Freunde gesund, glücklich und voll funktionsfähig sind. Yeah, FCI, weiter so!

Hier finden Sie die echten fachleute.

Rassezuchtvereine.

Ich habe bereits mehrfach im Buch darauf hingewiesen, dass Sie einen Welpen am besten von einem verantwortungsvollen Züchter kaufen sollten, der dem VDH, der SKG oder dem ÖKV angeschlossen ist. Solche Züchter sind in Rassezuchtvereinen organisiert, die ein strenges Zuchtreglement haben. Die Adressen solcher Vereine erhalten Sie bei den nationalen Dachverbänden:

Deutschland:
Verband für das Deutsche Hundewesen (VDH) e. V.
www.vdh.de

Österreich:
Österreichischer Kynologenverband
www.oekv.at

Schweiz:
Schweizerische Kynologische Gesellschaft
www.skg.ch

In Deutschland verzeichnet der VDH die Vereine zur Betreuung der Rasse, die Kontaktdaten gibt es hier:

Deutscher Windhundzucht- und Rennverband e.V. (DWZRV)
Geschäftsstelle (DWZRV)
Rottenweg 10
31185 Söhlde
www.windhundverband.de

Bitte denken Sie auch an den Tierschutz:

Deutscher Tierschutzbund e.V.
Bundesgeschäftsstelle
In der Raste 10
53129 Bonn
www.tierschutzbund.de

Hundeschulen sind hier zu finden:

**BHV - Berufsverband der Hundeerzieher/innen
und Verhaltensberater/innen e.V.**
Geschäftsstelle
Christiane Backes
Alt Langenhain 22
65719 Hofheim
Tel.: +49 (0) 61 92 - 9 58 11 36

E-Mail: info@hundeschulen.de

TASSO e.V. und FindeFix sind zwei führende Organisationen in Deutschland, die sich auf die Registrierung und das Auffinden verlorener Haustiere spezialisieren.

Beide bieten wertvolle Dienstleistungen an, um vermisste Tiere wieder mit ihren Besitzern zu vereinen, und ergänzen sich in ihren Bemühungen, das Wohlergehen von Haustieren zu fördern.

TASSO e.V.

TASSO e.V. ist Europas größtes Haustierregister mit Millionen registrierter Tiere. Die Organisation bietet einen kostenlosen Service zur Registrierung von Haustieren, die mit einem Mikrochip oder einer Tätowierung gekennzeichnet sind.
TASSO arbeitet daran, verlorene Tiere zu identifizieren und sie sicher zu ihren Besitzern zurückzubringen. Dies wird durch eine umfangreiche Datenbank ermöglicht, in der die Identifikationsnummern der Mikrochips oder Tätowierungen zusammen mit den Kontaktdaten der Besitzer gespeichert sind.
Zusätzlich bietet TASSO einen 24-Stunden-Notfall-Service, eine verlorene-und-gefundene-Datenbank und verschiedene Informationskampagnen zum Thema Tierregistrierung und -schutz.

FindeFix - Das Haustierregister des Deutschen Tierschutzbundes

FindeFix ist eine Initiative des Deutschen Tierschutzbundes und dient ebenfalls der Registrierung von Haustieren, vor allem von Hunden und Katzen.

Ähnlich wie TASSO verwendet auch FindeFix die Mikrochip-Technologie, um verlorene Haustiere zu identifizieren und zu ihren Besitzern zurückzuführen.

Die Registrierung bei FindeFix ist ebenfalls kostenlos.

Neben der zentralen Registrierungsdienstleistung bietet FindeFix Informationen und Unterstützung für Haustierbesitzer, darunter Ratschläge für den Fall des Verlusts eines Haustieres.

Zusammenfassung und Bedeutung

Sowohl TASSO als auch FindeFix spielen eine entscheidende Rolle im Tierschutz in Deutschland.

Durch die Bereitstellung von Registrierungs- und Rückführungsdiensten tragen sie dazu bei, die Sicherheit von Haustieren zu erhöhen und das Leid von verlorenen Tieren und ihren Besitzern zu verringern.

Die Registrierung bei solchen Organisationen ist ein wichtiger Schritt für verantwortungsbewusste Haustierbesitzer. Sie erhöht die Wahrscheinlichkeit, dass ein verlorenes Tier schnell und sicher nach Hause zurückkehrt.

Diese Organisationen ergänzen die Arbeit von lokalen Tierheimen und Tierschutzvereinen und bilden ein wichtiges Netzwerk zum Schutz und zur Fürsorge für Haustiere.

Die Dienste von TASSO und FindeFix sind beispielhaft für moderne Ansätze im Tierschutz und in der Tierregistrierung, die darauf abzielen, das Wohlergehen von Haustieren zu gewährleisten und die Bindung zwischen Tieren und ihren Besitzern zu stärken.

Hat Ihnen dieses Buch gefallen?

Hallo zum Schluß, liebe Leserin und lieber Leser!

Wenn Sie mein Buch vom Anfang bis hier her gelesen haben, waren das jetzt fast 190 Seiten, die Sie studiert und mir dabei erlaubt haben, Sie dabei zu begleiten. Das macht mich unglaublich stolz und ich hoffe, Sie hatten Spaß beim Lesen und konnten wichtige Informationen für Sie ganz persönlich umsetzen.

Natürlich hätte ich dieses Buch niemals alleine herausgeben können, ein fleissiges und total Hunde verrücktes Team hat mir bei vielen Dingen wie den Fotos, dem Layout, der Grafik und vielem mehr geholfen - es handelt sich also um das Ergebnis einer einzigartigen und freundschaftlichen Teamarbeit.

Wenn Ihnen etwas nicht gefallen hat, schreiben Sie mir doch bitte und lassen es mich wissen: beate.siering@catanddogbooks.com

Und wenn Ihnen die letzten fast 190 Seiten eine angenehme, kurzweilige Zeit beschert haben und meine Tipps Ihnen helfen konnten, empfehlen Sie dieses Buch doch bitte weiter. Ich freue mich über jede einzelne neue Leserin und jeden einzelnen neuen Leser!

Erlauben Sie mir eine kleine Bitte zum Schluß: Wenn Ihre Zeit es zulässt, hinterlassen Sie doch bitte eine nette Rezension auf amazon oder dort, wo Sie es gekauft haben, für dieses Buch. Wir freien Autoren haben keinen mächtigen Großverlag hinter uns. Um auf dem großen Buchmarkt bestehen zu können, sind es vor allem die Rezensionen bei amazon + Co., die den „kleinen" Schreibern und dem Team im Hintergrund helfen.

Auch ein Posting in den sozialen Netzwerken wäre natürlich toll!

Dafür danke ich Ihnen ganz herzlich!

Alles Gute für Sie und Ihren Hund,

Ihre Beate Siering & Team!